btb

Aus Freude am Lesen

DAVID LAMA, 1990 in Innsbruck als Sohn einer Österreicherin und eines nepalesischen Bergführers geboren, schaute aus seiner Wiege und sah die Alpen. Als Dreijähriger war er zum ersten Mal in Nepal. Als Sechsjähriger machte er einen Kletterkurs bei Himalaya-Legende Peter Habeler, der Spitzenkletterer Reinhold Scherer wurde sein Trainer.

Mit 14 wird Lama Jugendweltmeister, mit 15 jüngster Weltcupsieger, mit 16 der jüngste Doppeleuropameister in der Geschichte des Klettersports – jetzt erobert er die Gipfel der Welt. Lama lebt in Götzens/Tirol.

DAVID LAMA

HIGH

Genial unterwegs an Berg und Fels

Lieber Thomas,
nachträglich
Alles Gute und dieses
Buch möge Dich wieder auf
den Geschmack bringen :-),
Max

btb

FSC
www.fsc.org
MIX
Papier aus verantwortungsvollen Quellen
FSC® C083411

Verlagsgruppe Random House FSC-DEU-0100
Das für dieses Buch verwendete
FSC®-zertifizierte Papier *Lux Cream*
liefert Stora Enso, Finnland.

1. Auflage
Genehmigte Taschenbuchausgabe Juli 2012
btb Verlag in der Verlagsgruppe Random House GmbH, München

Textfassung: Christian Seiler
Umschlaggestaltung: © semper smile, München
Umschlagmotive: © Rainer Eder / visualimpact.ch
Satz: Uhl + Massopust, Aalen
Druck und Einband: CPI – Clausen & Bosse, Leck
MI · Herstellung: BB
Printed in Germany
ISBN 978-3-442-74410-7

www.btb-verlag.de
Bitte Besuchen Sie auch unseren LiteraturBlog www.transatlantik.de.

Mein Name ist David Lama. Meine Freunde nennen mich Fuzzy. Ich bin 20 Jahre alt. Mein Vater stammt aus Nepal. Meine Mutter kommt aus Tirol. Ich kann klettern. Nichts auf der Welt macht mir mehr Spaß.

Eins

Es ist Mitternacht, und Daniels Uhr piepst. Sie hängt über meinem Kopf vom Dach des Zelts. In fünf Minuten geht meine Uhr los, eine Suunto X6. Sie hängt daneben. Besser jetzt aufstehen, als das digitale Gedudel noch einmal anhören zu müssen.

Wir haben drei Stunden geschlafen. Was heißt geschlafen? Nach dem langen Marsch von El Chaltén zum Camp haben wir uns einfach ins Zelt geworfen und sind weggedämmert.

Ich krieche aus dem Schlafsack und strecke die Nase aus dem Zelt. Saukalt. Der Wind hat ziemlich viel Schnee an die Wände des Zelts gepresst. Im Schnee pissen gehen, dann mache ich Wasser heiß. Zum Frühstück gibt es Steinpilztopf »Schwarzwald«. Unser Proviant ist nicht unbedingt Feinschmeckerware, aber er hat einen Vorteil: Er wiegt nicht viel. Die Jungs von Travellunch wissen, was wir brauchen, wenn wir am Berg unterwegs sind: möglichst wenig Gewicht im Rucksack. Eine Tasse Kaffee, Daniel trinkt Tee. Noch einmal checken wir die Ausrüstung durch. Stirnlampen auf die Helme montieren. Um eins geht's los.

Es sollte jetzt ganz leise sein hier draußen, aber es ist laut. Der Wind pfeift und heult. Der Sound des Windes ist erstaunlich vielfältig, er brummt in Bass- und pfeift in Tinnitus-Tonlage. Der Berg ist die Orgel des Winds, und uns verpasst er seine Ohrfeigen. Scheißwetter.

Wir klettern, weil Charly gesagt hat, dass das Wetter gut wird. Wenn Charly sagt, dass das Wetter gut wird, dann wird das Wetter auch gut. Im Moment weiß das Wetter allerdings noch nichts davon.

Charly Gabl sitzt in Innsbruck. Er leitet die ZAMG, die »Zentralanstalt für Meteorologie und Geodynamik«. Seine Prognosen sind verlässlich – fast hätte ich gesagt, wasserdicht, aber das passt ja nun gar nicht für das beschissene Wetter in Patagonien. Gestern haben wir via Satellitentelefon mit Charly gesprochen. Er sagte: »Schönwetterfenster im Anzug. Burschen, schaut's, was geht.«

Also schauen wir, was geht.

Der Cerro Torre ist wunderschön. Vielleicht der schönste Berg der Welt, und das sage ich, obwohl ich Superlative hasse. Es ist mein Traum, den Cerro Torre, dieses Denkmal der Senkrechten, frei zu klettern. Der Freikletterstil fordert, dass sich der Alpinist ohne technische Hilfsmittel fortbewegt und Haken nur in den Fels schlägt, um sich zu sichern. Auf der Route, die wir vorhaben, hat das noch keiner geschafft.

Die Sache ist auch nicht einfach, die alpinistischen Herausforderungen sind groß. Der Berg ist im Westen von einer permanenten Eisschicht überzogen. Auch die Ostwand ist stellenweise vereist. Sobald es zu warm ist, brechen riesige Eiskaliber ab und donnern in die Tiefe. Da hängst du besser nicht in der Falllinie.

Die Dimensionen der Wände sind anders als alles, was man aus den Alpen kennt. Höher. Länger. Abgeschiedener. Komplizierter. Vor allem aber ist das Wetter unberechenbar. In Patagonien, im äußersten Süden Argentiniens, sind die Verhältnisse permanent schwierig. Wolken, Sturm, Regen, Schnee. Frühjahr, Sommer und Herbst schieben sich auf nur wenige Monate zusammen: Dezember, Januar, Februar. Nur dann herrschen die Bedingungen, die du brauchst, um einen Plan wie den unseren zu verwirklichen. Der Plan lautet: Die sogenannte Kompressor-Route frei zu klettern.

Der freie Kletterstil entspringt einer Schule des Alpinismus, die mir gut gefällt. Als Sportkletterer bin ich gewöhnt, so zu klettern, und mit der Philosophie, den Berg so wenig wie möglich mit künstlichen Hilfsmitteln zu behelligen, kann ich durchaus etwas anfangen. Aber ich bin kein Purist. Ich habe Respekt vor den Meistern des technischen Kletterns, und ich will nicht ausschließen, selbst gewisse Routen in diesem Stil zu klettern, wenn freies Klettern nicht möglich ist. Ich will mir nicht Regeln auferlegen um der Regeln willen.

Keine Regel soll mir verbieten, großartige Erlebnisse zu haben.

Freies Klettern ist aufwendig. Um die Route am Torre machen zu können, die wir uns vorgenommen haben, müssen wir zuerst einmal auf den Gipfel und uns einen Eindruck verschaffen, ob frei klettern überhaupt möglich ist. Dann die richtige Linie finden und einrichten, das heißt, jene Haken zu setzen, mit denen wir uns beim freien Klettern absichern werden. Erst dann kann man überhaupt an die tatsächliche Begehung denken. Vielleicht kriegen wir die Chance. Vielleicht kriegen wir sie auch nicht. Nützen wollen wir sie auf jeden Fall.

Die Idee, den Cerro Torre frei zu klettern, war in Chile zur Welt gekommen. Ein Jahr zuvor waren wir, eine Gruppe von Freunden, auf Expedition in Cochamó gewesen – geniales Klettern. Wände ohne Ende, und viele davon noch unberührt. Jede Menge Abenteuer. Irgendwann sagte der Ötztaler Hansjörg Auer: »Der Cerro Torre, das wär doch was für dich, oder, Fuzzy? Der Berg, der kann schon was.«

Hansjörg hatte den Cerro Torre vor ein paar Jahren schon einmal über die Kompressorroute gemacht. Er steckte mich mit seiner Begeisterung sofort an. Ich selbst kannte den Cerro Torre nur von Fotos, hatte ein paar Geschichten gehört und den einen oder anderen Clip auf YouTube gesehen. Aber der Gedanke wuchs. Er keimte. Ich konnte das Abenteuer riechen, wenn ich nur die Augen zumachte.

Als ich zurück in Österreich war, fragte ich Daniel bei einer Skitour: »Bist dabei?«

Daniel Steuerer, ein alter Kumpel aus Innsbruck, hatte wie üblich kein Geld, aber dafür hatte er Zeit, und er meinte: »Klar bin ich dabei, wenn du mir ein Flugticket besorgst.«

Wir kauften uns Bücher über den Torre. Daniel las jedes einzelne, er fraß sie geradezu in sich hinein. Ich ging die Sache langsamer an. Ich las Kapitel für Kapitel, wollte nicht zu schnell fertig sein. Und ich war froh, dass Daniel so abfuhr auf das Projekt: Er war der einzige meiner Kollegen, mit dem ich mir vorstellen konnte, mehrere Monate auf engstem Raum zu verbringen. Es waren schließlich nicht nur die alpinistischen Herausforderungen, die wir teilen mussten, es geht auch darum, eine gute Zeit zu haben.

Daniel ist 22, blond, und die Haare hängen ihm immer in die Augen. Er ist zu faul, sich zu rasieren, deshalb wächst ihm am Kinn ein braunblonder Wuschel. So wie er aussieht, käme niemand auf die Idee, dass er Alpinist ist, aber Daniel hat jede Menge Energie. Sobald er gewisse Dinge angefangen hat, treibt ihn sein Ehrgeiz dazu, sie auch fertig zu machen. Darin sind wir uns sehr ähnlich. Er ist ein Beißer, und das ist gut: Wenn er mit mir unterwegs ist, muss er nämlich immer beißen – die Zähne zusammenbeißen!

Daniel war viele Jahre mein Trainingspartner in der Halle gewesen, als wir gemeinsam an Jugendwettkämpfen teilnahmen. Er war einer meiner stärksten Konkurrenten, bis ihn eine Verletzung am Ellbogen dazu zwang, mit dem Spitzensport aufzuhören. Die Liebe zum Klettern verlor Daniel freilich nie. Er war es, der mich für das Alpine begeisterte. Wir machten Touren in den Alpen, wir reisten gemeinsam ins Yosemite Valley und hatten viel Spaß. Und während ich auf Wettkämpfen unterwegs war, lag Daniel in der Hängematte und las *Siddharta*.

Nachts um eins steigen wir in die Tour ein. Die erste Seillänge: ein schöner, gerader Riss. Was normalerweise ein Spaziergang ist, schmeckt mir heute nicht besonders. In den Rissen klebt Schnee. Der Fels ist vereist. Die Bedingungen sind alles andere als gut.

Wir wollen in der Nacht so weit hinauf, wie es nur irgendwie geht. Bei unseren ersten zwei Versuchen hat uns der Eisschlag gezwungen umzudrehen, aber dieses Mal wollen wir dieser Gefahr einen Schritt voraus sein. Wenn das Wetterfenster kommt, müssen wir in der Poleposition sein. Das Risiko, bei diesen Verhältnissen zu klettern, wird bereits am späten Vormittag unvertretbar hoch. Der Fels erwärmt sich durch die starke Sonneneinstrahlung extrem schnell, das Eis am Fels beginnt abzuschmelzen. Immer größere Eisbrocken lösen sich, und das ist dann echt ungemütlich.

Ich steige voraus. Daniel ist zwar ein guter Kletterer, aber in diesem Gelände bewege ich mich sicherer – und vor allem schneller. Das ist wichtig, denn wir haben keine Zeit zu verschenken. Aber bei diesen Bedingungen fühle auch ich mich nicht richtig wohl. Der Wind. Der Wind ist so stark, dass an freies Klettern nicht zu denken ist.

Wir sagen nichts außer den nötigen Seilkommandos: »Stand« – »Seil aus« – »Kannst kommen«. Wenn ich beim Stand ankomme und Daniel nachsichere, sehe ich in der blauen Dunkelheit nur ein Licht, das schnell näherkommt. Es hat keinen Sinn, mehr zu sagen. Der Wind schluckt jedes Wort und trägt es fort.

Es ist mitten in der Nacht. Es ist stockdunkel, saukalt,

und es stürmt, dass jeder Reihenhausbesitzer Angst um sein Dach kriegen würde. Aber wir sind guter Laune. Wenn alles klappt, klettern wir jetzt bis zur Bolt-Traverse, und dann kommt das Wetterfenster, Charly steht dafür gerade.

In der dritten Länge folge ich einem Riss im Granit. Der Riss ist ein Hund. Ich kann lange keine Sicherung legen, aber ich denke nicht darüber nach. Wir haben zwar nicht sonderlich viel geschlafen, aber ich fühle mich recht gut. Wir geben Gas. Wir müssen früh bei der Bolt-Traverse sein. Dort beginnt das erleuchtende Klettern, aber auch die richtige Gefahr. Denn wenn Charlys gutes Wetter kommt, beginnt zwangsläufig auch der Eisschlag.

Der Cerro Torre ist ein alpinistischer Mythos. Als eine französische Seilschaft 1952 die Erstbesteigung des Fitz Roy schaffte, berichtete sie, dass der in Sichtweite aufragende Cerro Torre »ein unmöglicher Berg« sei. Die Italiener Walter Bonatti und Carlo Mauri bezweifelten das und erreichten 1958 über die Westwand des Torre eine beachtliche Höhe. Sie schafften es aber nicht in die eigentliche Gipfelregion – den Turm aus Eis.

Im Jahr darauf, 1959, starteten der Italiener Cesare Maestri und der Osttiroler Toni Egger jenen Versuch, über den die Kletterwelt bis heute diskutiert. Maestri und Egger stiegen über Ost- und Nordwand auf und schafften es angeblich bis zum Gipfel. Beweise dafür gibt es keine. Egger, in dessen Rucksack sich der Fotoapparat mit dem Gipfelfoto befunden haben soll, wurde beim Abstieg von einer Eislawine erfasst und in die Tiefe gerissen – mit ihm verschwand auch der Beweis für die Erstbesteigung. Maestri behauptete konsequent, oben gewesen zu sein, aber die Zweifel wuchsen, und 1970 waren sie so laut geworden, dass Maestri keinen anderen Ausweg mehr sah, als die Besteigung zu wiederholen – er kündigte an, den Torre auf einem neuen Weg bezwingen zu wollen.

Diesmal unternahm Maestri den Aufstieg über die Südostkante, aber das Wetter war so katastrophal, dass er abbrechen musste. Wenige Monate später kehrte er zurück. Mit einem massiven Kompressor und etwa 300 Bohrhaken arbeitete er sich Meter für Meter hinauf. Diesmal erreichte er mit zwei Kollegen das Ende der Felswand unterhalb des Gipfels, verzichtete aber darauf, den »Gipfelschneepilz«, wie er ihn nannte, zu besteigen – der werde ohnehin, so Maestri, »eines Tages weggeblasen«.

Maestri feierte den Gipfelsieg und verließ Patagonien. Sein Kompressor blieb in der Wand, er hängt bis heute eine Seillänge unter dem Eispilz. Aber die Diskussionen, ob der Cerro Torre als bestiegen gelten durfte, waren damit nicht zu Ende. Sicher ist, dass Maestris Route als »Kompressorroute« ins alpinistische Vokabular eingegangen ist.

Als unzweifelhafte Erstbesteigung wird unterdessen die erstaunliche Geschichte der Seilschaft von Casimiro Ferrari geführt, die 1974 drei Wochen in einem Zelt hoch oben in der Wand auf besseres Wetter warten musste und erst kurz bevor die Essensreserven knapp wurden, den

Gipfel doch noch schaffte – inklusive Beweisfoto. Seither ist es nur handverlesenen Bergsteigern gelungen, neue Routen auf den Gipfel des Cerro Torre zu machen. Was wir vorhaben, hat jedoch noch keiner geschafft: die Kompressorroute von Maestri frei zu klettern.

Mitte November kamen wir in Patagonien an. Als wir den Flughafen hinter uns gelassen hatten, war da nichts als Gras und eine erstaunliche, verwirrende Weite. Kein Berg. Wo sollten wir hier klettern? Die einzige Straße führte in der einen Richtung nach El Calafate, in der anderen nach El Chaltén. El Chaltén war unser Ziel. Wir stiegen in den Bus, der auf uns gewartet hatte.

Entlang der Straße standen Zäune, damit die Guanakos nicht auf die Straße laufen. Diese südamerikanischen Kamele sind nicht besonders schlau. Sie versuchen über die Zäune zu hüpfen, bleiben hängen und verenden. Das bemerkst du schon von Weitem: Wo die Kondore tief kreisen, hängen Guanakos im Zaun.

In El Chaltén leben vielleicht tausend Menschen. Vor ein paar Jahren waren es angeblich nicht mehr als hundert. Inzwischen hat der Tourismus angezogen, es kommen Trekking-Freunde und Bergwanderer, und für die ist El Chaltén der letzte Vorposten der Zivilisation. Hier können sie wohnen, essen, schlafen und Bier trinken.

Wir mieteten uns in einem kleinen Zimmer ein, bei Eduardo. Daniel konnte vom Bett aus den Himmel sehen. Ich sah von meinem Bett aus Daniel und seine Ausrüstung, die über dem Bett an der Wand hing. Das Zimmer, gemütlich. Im Haus nebenan ein zehn Quadratmeter großer Megastore, der täglich bis zwei Uhr früh offen hatte.

Keine Ahnung, wie die Geschäfte überleben. Ich habe nie Kunden gesehen, nur Mitarbeiter. Der einzige Laden, der gut geht, ist die Cervecería. Ein paar Holztische unter einem offenen Dachstuhl und ein sehr leichtes Bier, das sie selbst brauen. Aber das tranken wir so gut wie nie. Wir tranken die argentinische Nationalmarke »Quilmes«. Nicht so wässrig. In der Cevercería lernte ich übrigens Spanisch: »Una cerveza, por favor«. Und: »Una mas«.

Sie spielten genialen Salsa in der Cervecería, so dass sich jede Tageszeit wie später Nachmittag anfühlte. Das passte zu El Chaltén. Wenn das Wetter schlecht war – und das Wetter war oft schlecht –, saßen wir meistens an den Holztischen, tranken Bier und unterhielten uns mit den Mädels, die in der Cervecería arbeiteten. Eine von ihnen hieß Andrea. Sie war so groß wie ich und hatte bestimmt 80 Kilo. Aber ihr Lächeln. Und wenn sie loslachte. Da war, was mich in El Chaltén vom ersten Moment an begeisterte: die spontane Lebensfreude! Die Menschen hatten Spaß an dem, was sie taten, sie stellten keine Fragen und sie dachten nicht an morgen. Was dir in den Sinn kommt, machst du. Aber vielleicht machst du morgen auch wieder das Gegenteil, weil du nämlich Lust darauf hast. Niemand fragte uns, warum wir plötzlich hier waren und in der Cervecería herumhingen. Niemand fragte uns, wo wir gestern gewesen waren und morgen hingehen würden.

Das gefiel mir. Die Typen taten nicht so, als ob sie cool wären. Sie waren cool.

Gleich nach der Ankunft war das Wetter genial, und uns saß der Tatendrang im Genick. El Chaltén ist vom Torre etwa 30 Kilometer weit entfernt, das ist zu weit, um bei Schönwetter aus dem Bett zu hüpfen und klettern zu gehen.

Noch am ersten Tag marschierten wir in den Nationalpark zum Bridwell Camp und trugen das Kletterzeug hinein. Das Bridwell Camp ist das erste Lager auf dem Weg von El Chaltén zum Torre, es liegt auf der Höhe der letzten Bäume und wird heutzutage nur mehr selten benutzt.

Die Alpinisten, die den Cerro Torre besteigen wollten, bauten ihre Lager am Anfang noch möglichst nahe beim Berg. Aber dort hielten sie es nicht lange aus. Der Wind ist so stark, dass du nichts mehr hörst, nichts mehr spürst, nichts mehr denken kannst. Auf dem Gletscher waren die Böen so wuchtig, dass es mich dreimal umschmiss. Je näher am Berg, desto stärker der Wind. Klettern kannst du angeblich bis Windstärke 9, das sind rund 80 Stundenkilometer. Auf dem Torre bläst es nicht selten mit Windstärke 20. Das Bridwell Camp liegt im Windschatten der Bäume. Der Mann – Jim Bridwell, eine amerikanische Big-Wall-Legende – wusste, warum.

Über den Fluss, der den Nationalpark durchquert, haben ein paar Tiroler einen Seilübergang gebaut, er heißt logischerweise »Tirolese«. Die Strecke bis hierher ist sauschön, sie zieht auch eine Menge Touristen an. Auf dem Gletscher sahen wir dann noch vereinzelte Ice-Trekker. Die zahlen 100 Euro für eine halbe Stunde, in der sie mit den Steigeisen auf dem Gletscher herumstapfen. Wir hatten ein paar witzige Begegnungen, als wir in Turnschuhen im Eilzugtempo über den Gletscher rasten, so dass die Ice-Trekker ihren Mund vor Staunen nicht mehr zukriegten.

Am Anfang gab uns der Ehrgeiz die Sporen. Weiter, Burschen, weiter. Wir kehrten vom Bridwell Camp nach El Chaltén zurück, übernachteten, und machten uns tags darauf sofort wieder auf die Socken, diesmal weit auf den Gletscher hinauf, gewaltige Eiswelt, tiefe Spalten, unfassbares Panorama. Hier trennen sich die Wege derer, die auf den Cerro Torre wollen, von denjenigen, die den Fitz Roy anvisieren. Norweger, die auf den Torre wollten, hatten etwas weiter oben ein Camp eröffnet, das seither »Norwegercamp« heißt. Eine polnische Seilschaft, die den Fitz Roy im Visier hatte, schlug eines auf dem Weg nach Osten auf, seither das »Polencamp«. Unser Stützpunkt lag weiter talauswärts und hieß »Nipo Nino«, weder Polen noch Norwegen. Manche nennen den Platz, der ein bisschen windgeschützt zwischen riesigen Granitblöcken liegt, auch »Sandy Beach«, weil sich zwischen den Blöcken richtige Sandbänke aus Granitabrieb gebildet haben. In diesem Sand schaufelten wir ebene Flächen, auf denen wir unser Zelt aufstellten.

Als wir abends in El Chaltén ins Bett kippten, waren wir gerädert und fertig. Schon die drei Stunden zum Bridwell Camp waren anstrengend gewesen, weil wir wirklich schweineviel Gepäck zu schleppen gehabt hatten, jeder grob geschätzt 25 bis 30 Kilo, und zum Nipo Nino dauerte es bei dröhnendem Wind insgesamt etwa sieben Stunden. Daniel brach zweimal in eine kleine Spalte ein, so dass er bis zum Knie im Wasser stand. Das machte den Marsch auch nicht komfortabler.

An den ersten Abenden kontrollierte ich vor dem Einschlafen immer noch mein iPhone. Ich rief den Kalender auf und schaute, was für morgen auf dem Programm stand – als würde dort überraschend ein Treffen mit meinem Manager Peter stehen oder eine Trainingseinheit in der Kletterhalle Tivoli. Mein europäisches Pflichtbewusstsein ließ sich nicht so einfach abstellen. Oder, besser gesagt, es brauchte Zeit, bis es sich ganz gemächlich selbst abschaltete. In Argentinien braucht alles seine Zeit.

Wir lernten zu warten. Warten, warten, warten. Warten, dass das Wetter besser wird, warten, dass der Wind nicht mehr so stark bläst, warten, dass Charly von der Wetterwarte einmal etwas anderes meldet als »keine Chance, Burschen«.

Wir lernten die Gegend besser kennen. Wir wanderten in Richtung Cerro Torre, weil wir wandern wollten, und nicht, um einen weiteren Kletterversuch zu starten. Wir entdeckten beim Aufstieg zum Bridwell Camp den alten Weg, der nach einem Waldbrand gesperrt war, und folgten ihm durch ein Labyrinth weißer Stämme mit schwarzen Schmauchspuren, die elegant und unwirklich aussahen. Wir kamen durch Senken, in denen weißer Granitsand lag wie in japanischen Gärten, und wir ließen uns manchmal durch die Schönheiten des Waldes treiben, wie man sie in den Alpen nie und nimmer zu Gesicht bekommt.

Nach dem ersten Aufstieg von El Chaltén zum Bridwell Camp, der noch drei Stunden gedauert hatte, meisterten wir die Strecke beim dritten Versuch mit dem 15-Kilo-Rucksack schon in einer Stunde vierzig, und weil die Strecke irgendwann fad zu werden drohte, absolvierte ich sie nur noch mit strenger Zeitkontrolle: Mein Rekord mit dem Fünf-Kilo-Rucksack belief sich ein paar Wochen später auf eine Stunde nullzwei, aber dafür musste ich tatsächlich rennen wie ein Marathonläufer.

Richtig anstrengend wird der Weg erst nach dem Nipo Nino. Der Weg zur »Schulter«, dem Ausgangspunkt fürs Klettern, dauert sechs Stunden. Zuerst eineinhalb Stunden durch echt beschissenes Gelände. Eine Geröllhalde, wo du einen Schritt vorwärts gehst und einen halben Schritt zurückrutschst. Ziemlich steil. Am Ende der Halde kommst du zum Norweger-Biwak. Von hier ist es nicht mehr weit bis »Media Luna«. Media Luna ist ein schöner Name für ein imposantes Schneefeld, das sich wie ein Halbmond um die gleichnamige Felswand krümmt. Es ist etwa 50 Grad steil und 400 Meter lang. Media Luna ist gewaltig. Man fühlt sich sehr klein hier.

Du musst sehr zeitig losgehen, damit der Schnee von Media Luna noch hart ist. Sonst sinkst du bis zu den Knien ein, und wenn es davor frisch geschneit hat, noch tiefer. Das Gehen wird dann ziemlich anstrengend.

Hinter Media Luna geht es über den Gletscher unter die

Ostwand des Torre. Ein Schneefeld, vielleicht 120 Meter lang, 50 Grad steil, ein kurzes kombiniertes Stück, ein weiteres Schneefeld, dann stehst du auf der Schulter. Wir deponierten ein kleines Zelt und Ausrüstung im Bergschrund an der Basis der Granitwand, die hier senkrecht in den Himmel wächst. An dieser Stelle beginnt die eigentliche Kletterei.

Während der ersten drei Wochen war an etwa sieben einzelnen Tagen geniales Wetter. Wir stiegen dreimal ein, um den Berg kennenzulernen und alles für den großen Tag vorzubereiten. Wir hatten einen Fotografen und mehrere Kameraleute im Team, weil Red Bull (mein Sponsor) die Expedition aufwendig dokumentieren wollte. Die Bergführer des Kamerateams, Markus Pucher aus Kärnten und Peter Ortner aus Lienz, mussten Fixseile spannen, damit die Filmleute bis zur Bolt-Traverse mit aufsteigen konnten.

Beim ersten Versuch blieben wir drei Tage auf der Schulter und kletterten zweimal. Ein hoher Himmel, dass es dir das Herz zusammendrückt, und der Berg, der so gigantisch ist, so viel größer, als du dir einen Berg bisher vorgestellt hast. In den Alpen wäre allein die Tour vom Nipo Nino bis zur Schulter eine eigene Tour. Hier beginnt die Tour erst, wo sie in den Alpen längst zu Ende wäre.

Das Wetter war herrlich, als ich einstieg, Sonne, blauer Himmel, aber dann begann es plötzlich zu pfeifen und zu donnern. Aus den »Iced Towers«, die auf den Cerro Torre hinaufwachsen, brachen riesige Trümmer ab und zischten senkrecht hinunter. Ich dachte, das muss sich Clint Eastwood ausgedacht haben. Granaten aus Schnee. Bomben aus Eis.

Ich glaube, wir hätten an diesem Tag den Gipfel schaffen können. Aber genauso gut hätte uns an diesem Tag das Eis erwischen können. Wir waren relativ spät dran, weil wir auf die Kameraleute hatten warten müssen, und ich bin fast sicher, dass wir's versucht hätten, wenn wir früher in der Wand gewesen wären. Jetzt bin ich froh, dass wir es gelassen haben. Das Risiko, dass es nicht gut ausgeht, wäre zu groß gewesen.

Als wir nach dem zweiten Mal Klettern zurück nach El Chaltén marschierten, hatte es Pipa, einer der argentinischen Helfer, die sich um die Kameraleute kümmerten, ganz furchtbar eilig. Er musste einen Funkspruch an die Agentur absetzen, die um sieben zusperrt, und der letzte Punkt, von dem aus man El Chaltén per Funk erreichen kann, ist der Mirador Torre, der vom Dorf drei Kilometer entfernt ist. Wir kamen von der Schulter des Cerro und waren schon ziemlich fertig, aber Pipa schlug ein gescheites Tempo an, und da ich nicht wusste, dass er noch seinen Funkspruch absetzen muss, dachte ich, er will uns zeigen, wie gut er angasen kann. Und wenn einer angast, muss er damit rechnen, dass ich auch angase. Wir also im Laufschritt in die Ebene hinaus, von dort ist es noch einmal ein kurzer Aufstieg zum Mirador Torre, wir waren wirklich platt, als wir dort ankamen, übrigens kurz vor sieben. Pipa funkte, ich begriff und machte Pause.

Als die anderen nachkamen, feixte Daniel. »Hast dir's wieder besorgen müssen mit dem Pipa. Das schaffen wir aber auch ...«

Weg war er. Ich hörte nur noch, wie Daniel rief: »Schau mal, ob du mir nachkommst.«

Ich natürlich möglichst schnell hinterher, überholte ihn, Vollgas weiter. Es war nicht besonders steil, aber doch steil genug, und was wir uns lieferten, war nichts anderes als ein Sprint bergab. Ich sprang über eine Wurzel, dahinter ein Absatz, ein Baum, der an einer Felskante klebte, es ging ein Stück hinunter, und ich knöchelte mit dem rechten Fuß um, und weil ich gedacht hatte, ich würde mit dem rechten Fuß den Sprung nur abfangen und mit dem linken sofort weiterfedern, fuhr mein ganzes Gewicht in den umgeknickten Knöchel und zack – waren die Seitenbänder ab.

20 Sekunden später war Daniel da und hörte mich fluchen, und noch lauter hörte er mich fluchen, als ich versuchte zu gehen. Als ich sagte, »wird schon wieder, das tut nur am Anfang so weh«, tröstete ich mehr mich als ihn.

Ich humpelte den Rest der Strecke also mehr, als ich ging, war aber trotzdem nicht langsam, so weit geht das Leiden nicht. Als ich ankam, war der Fuß schon geschwollen wie ein Luftballon, doch weil ich keinen Bluterguss sah, dachte ich, die Bänder wären nur überdehnt. Zu Hause bei Eduardo lagerte ich den Fuß hoch und schmierte ihn mit Voltaren ein.

Am nächsten Tag ging gar nichts mehr – außer mit zwei Teleskopstöcken bewaffnet in die Cervecería zu humpeln.

Arzt gab es keinen, und hätte es einen gegeben, wäre ich nicht hingegangen. So schlimm war es nicht. Stattdessen bandagierte ich den Fuß mit rotem Tape und behandelte ihn mit einer halben Tube Voltaren am Tag. Zwei Tage später ging es schon wieder ein bisschen, und eine Woche später waren wir wieder am Berg. Zwar passte der Fuß fast nicht in den Bergschuh, aber wenn er einmal drin war und der Schuh fest zugeschnürt, dann passte es schon. Mit der Zeit vergisst man sogar, dass man mit einem Bänderriss unterwegs ist.

Der Zwischenfall hatte mich nicht ernsthaft erschreckt. Aber ich spürte gut, wie ausgesetzt wir auf diesem gigantischen Berg unterwegs waren. Es war klar, dass eine schwere Verletzung ziemliche Komplikationen zur Folge haben würde. Es war schlicht niemand da, der helfen konnte. In den wenigsten Fällen kann ein Hubschrauber fliegen, um einen Verletzten herauszuholen – wenn überhaupt einer vor Ort sein sollte. Der nächste Heliport ist in El Calafate, Minimum eine Stunde Anflugzeit, aber auch dort ist nur selten ein Hubschrauber. Normal ist, dass gar kein Hubschrauber fliegt, dann musst du sowieso selbst raus nach El Chaltén. Ein Beinbruch in der Bolt-Traverse, von der du mit zwei gesunden Beinen einen Tag bis nach Hause brauchst, und du musst abseilen und hinunterkriechen. Das war mir immer bewusst, und Daniel genauso. Klar, dass man sich darüber Gedanken machte. Aber solange der Fall nicht eintritt, ist es ja auch egal.

Am Tag, nachdem wir bis zur Bolt-Traverse geklettert

waren, starb Fabio Giacomelli, ein hervorragender italienischer Alpinist, unter einer Lawine. Ein Argentinier informierte uns am Abend, als er gerade ein Team für die Bergung der Leiche zusammenstellte. Es war tragisch: Am nächsten Tag wäre Fabio im Flugzeug nach Hause gesessen, zu seiner Frau und seinen Kindern. Er war mit seinem Kollegen Elio Orlandi am Torre gewesen, um die Asche ihres Freundes Cesarino Fava, Mitglied der legendären Maestri-Expedition von 1970, auf den Gipfel zu verstreuen.

Fabio Giacomellis Tod schockierte uns für einen Moment. Er schockierte uns, weil er in Erinnerung rief, was wir selbstverständlich wussten. Was jeder Alpinist weiß, sobald er ausgesetzte Touren geht: dass es auch schlimm ausgehen kann. Wer hier unterwegs ist, geht das Risiko ein, nicht mehr zurückzukommen. Wir wissen das, und Fabio wusste es auch, und ich weiß, dass es hart klingt und vielleicht das Verständnis von Menschen, die nie auf dem Berg waren, überfordert, aber man muss lernen, mit diesem Risiko zu leben. Jeder von uns weiß um die Gefahren des Kletterns, und jeder von uns lässt sich auf diese Gefahren ein. Denn das Erlebnis, das wir nur bekommen, wenn wir das Risiko eingehen, ist dieses Risiko wert.

Zwei Uhr zehn, der Wind wird stärker. Ich muss mich unwürdig den »Banana Crack« hinaufarbeiten – einen Friend in den Riss einhängen, mich hochziehen. Unwürdig, weil der Riss perfekt frei zu klettern wäre, wenn. Ja, wenn …

Mit Klettern, wie ich Klettern verstehe, hat das nichts zu tun. Aber manchmal heißt Klettern auch nur Hinaufkommen, und ich will hinauf, um die Gelegenheit nicht zu verpassen. Wenn, sobald es hell wird, das schöne Wetter da ist, haben wir die Chance, den Berg zu packen, bevor es zu warm wird und das Eisbombardement beginnt.

Die neunte Länge, ein mächtiger Pfeiler. Die zehnte, eine senkrechte Wand, an deren Oberfläche flache Felsschuppen picken, die alle in dieselbe Richtung zeigen. Wie eine überdimensionale Fischhaut aus Granit. Ich halte mich an den Schuppen, die Füße drücken gegen die Wand hinter der Schuppe, ohne einen richtigen Vorsprung zu finden. Nur die Reibung der Sohlen hält mich am Fels. Der Wind weht Schnee in den Kragen meiner Jacke. Jeder noch so kleine Vorsprung ist längst schneebedeckt und saurutschig. Vielleicht, denke ich mir, setzt du doch einen Friend, aber wo? Ich taste mit der rechten Hand nach einer geeigneten Spalte und drücke auf gut Glück den Friend hinein.

Als ich nach der nächsten Schuppe greife, rutscht der Fuß weg.

Keine Chance.

Ich falle.

Es ist halb drei Uhr nachts, Patagonien, Sturm, Kälte, Dunkelheit, und ich falle, und während ich falle, denke ich nicht, ob es jetzt aus ist. Ich denke nur daran, ob der Friend, diese Klemmsicherung, meine einzige Zwischensicherung bis zum Stand, halten wird oder nicht und ob es mich jetzt in den Spalt zwischen dem Felspfeiler und der Wand hinunterwixt, und während ich mir den Riss vorstelle, den ich nur mit den Fingern gesehen habe, in dem der Friend, den ich jetzt brauche, sitzt, hänge ich schon im Seil, und ich weiß, dass er gehalten hat und dass es weitergeht, und der Schrei, den ich gehört habe, ist jetzt auch verstummt.

Der Schrei, das war ich.

»Was ist?«, ruft Daniel von unten.

»Volle ausgerutscht«, schreie ich zurück.

»Alles okay?«, ruft Daniel, und ich höre, wie gestresst er ist.

»Passt schon«, antworte ich. »Ich zieh mich gleich rauf.«

Jetzt merke ich, wie schnell mein Puls geht. Ich merke auch, dass mir der Fuß wehtut, weil ich ein bisschen reingelandet bin und mich angehaut habe. Egal. Ich beruhige mich schnell wieder, ziehe mich hoch und klettere weiter, wo ich ausgerutscht bin. Aber ich fühle mich auf der ganzen Länge unsicher. Der Sturz wirkt in meinem Kopf wie ein starker Schnaps.

Im Hirn pocht die Frage: Was passiert, wenn's mich haut?

Ich ziehe mich an der nächsten Schuppe hoch. Was passiert, wenn's mich haut?

Ich weiß, dass es gut ist, wenn man sich am Fels nicht zu sicher fühlt, aber das ist gerade nicht mein Problem. Die Selbstverständlichkeit ist angeknackst.

Okay, sage ich zu mir, auch ich kann fliegen.

Beim Stand zehn treffen wir Markus. Er ist über die Fixseile rauf, die für die Kameraleute gelegt wurden. Den Sturz hat er gar nicht mitgekriegt. Wir ziehen die Steigeisen an und gehen über ein Fünfzig-Grad-Schneefeld zu Stand elf. Über kombiniertes Gelände klettern wir zu Stand zwölf. Von hier führt die Bolt-Traverse Richtung Iced Towers, und über die geht es hinauf zur Head Wall. Darauf sitzt der Eispilz. Der Gipfel.

Es ist vier Uhr früh. Wir sind bereit, in die Bolt-Traverse einzusteigen.

Wo ist das Schönwetterfenster?

Fragen wir doch Charly. Weil wir irgendwie geahnt haben, dass die Frage auftauchen könnte, haben wir das Sat-Phone mitgenommen. In Innsbruck ist es jetzt acht Uhr morgens, Charly hat sich einen Kaffee gemacht und studiert die Tiroler Tageszeitung. Er hebt sofort ab.

»Charly, bist du sicher, dass der Wetterbericht stimmt?«

Es ist grausig kalt. Wir haben uns nur ein paar Minuten nicht bewegt, schon vereisen die Handschuhe, und auf der Goretex-Jacke bleibt der Schnee picken. Die Reißverschlüsse sind auch vereist, aber die will sowieso keiner aufmachen.

»Gebt's mir zehn Minuten«, sagt Charly.

Okay. Klingt gut, aber wir hängen kurz vor der Bolt-Traverse, und Daniel beschwert sich: »Mir frieren gleich die Eier ab.«

Nach zehn Minuten rufen wir wieder an.

Charly sagt: »Burschen, hört's zu. Es sieht alles danach aus, dass in sechs Stunden ein Wetterfenster …«

In sechs Stunden? Vergiss es.

Wir müssen nicht diskutieren, was wir jetzt machen. Wir drehen um.

Es dauert zwei Stunden, bis wir uns zur Schulter abgeseilt haben. Wir trinken etwas, dann in die Schlafsäcke, alle schlafen sofort ein. Als ich um zehn aufwache, liegt Daniels Kopf auf meiner Schulter und Markus liegt quer über unsere Beine. Ich krieche aus dem Schlafsack und strecke die Nase aus dem Zelt. Beim Pissen der sorgenvolle Blick nach oben: Wäre der Berg heute vielleicht doch gegangen? Aber ich sehe nur dichte Wolken, und ein Windstoß bringt mich aus der Balance. Heute geht der Berg nicht. Ich sage den anderen Bescheid, dann kochen wir Wasser. Ich trinke Kaffee, Daniel nimmt Tee und Markus isst Nasi Goreng aus dem Packerl. Wir warten im Zelt, und als der Wind nachlässt, gehen wir ohne uns weiter aufzuhalten nach El Chaltén zurück, 2000 Höhenmeter abwärts, 30 Kilometer weit. Um acht Uhr abends sind wir da.

Wir gehen schlafen, ohne noch einmal in der Cervecería vorbeizuschauen.

Es war unser letzter Versuch gewesen, den Torre zu besteigen. Für diesmal. Wir bauten Nipo Nino ab, gingen Kristalle suchen, von denen es in der Gegend viele gibt, und wir fanden auch ein paar besonders schöne Exemplare. Wir feierten Weihnachten und Silvester in der Cervecería. Ich kippte völlig in den Salsasound, und das Lachen von Andrea vermisse ich immer noch. Erst als ganz klar war, dass das Wetter uns keine nächste Chance geben würde, erzählten wir, dass wir abreisen würden, und als wir tags drauf noch einmal kamen, hatten sie auf die Tafel, auf der sonst die Bierpreise notiert waren, geschrieben: »Dani and David, please don't leave. We will miss you.«

Miss you, too.

Zwei

Meine Mutter heißt Claudia. Sie kommt aus Innsbruck in Tirol, nur ein paar Kilometer von Götzens entfernt, wo wir heute wohnen. Sie arbeitet an der Uniklinik Innsbruck als Kinderkrankenschwester, aber sie reiste, als sie jung war, immer in der Weltgeschichte herum wie – ja, wie ich es jetzt tue. Südamerika, Afrika, sie interessierte sich für fremde Kulturen, und wenn sie genug Museen angeschaut hatte, ging sie wandern und bergsteigen.

1987 war sie zum ersten Mal in Nepal. Trekking, mit einer großen Gruppe von Leuten. Alles war von A bis Z durchorganisiert, und sie hatte nicht wirklich viel Spaß, weil sie das, was sie eigentlich sehen wollte – Menschen, wie sie leben, ihre Kultur –, nicht wirklich mitkriegte. Also fuhr sie ein halbes Jahr später mit zwei Freundinnen noch einmal nach Nepal. Die drei wollten einen großen Berg mit mehr als 6000 Metern machen, aber das klappte nicht, weil zu viel Schnee lag und das Wetter schlecht war. Dafür lernten sie Rinzi kennen.

Rinzi war der Führer der Gruppe, ein Sherpa aus der Everest-Region. Er begleitete die drei Frauen drei Wochen lang auf ihrem Weg durch den Himalaja, und nach den drei Wochen waren meine Eltern ein Paar. Meine Mutter war ganz fasziniert von Nepal, sie konnte sich sogar vorstellen, dort zu bleiben und in Nepal zu leben, aber Rinzi fand Tirol die bessere Wahl. Es ist nicht leicht, in Nepal ein Auskommen zu finden, und Rinzi musste seine Familie unterstützen, fünf Geschwister und den alten Vater.

Er kam mit einem Touristenvisum nach Österreich. Dann begann ein langwieriger Papierkrieg. Die Fremdenpolizei stellte herablassende Fragen. Sie unterstellten meiner Mutter, sie plane eine Scheinehe, um für Rinzi eine Aufenthaltsgenehmigung zu bekommen. Die Eltern meiner Mutter fragten, ob sie komplett spinne, den kleinen, dunklen Mann aus Nepal heiraten zu wollen. Aber meine Mutter brachte das nicht aus dem Takt. Sie organisierte die nötigen Papiere und ließ sich auch von ihren Eltern nichts dreinreden. Im Dezember 1988 war Hochzeit. Dann zogen die beiden in die Dienstwohnung meiner Mutter im Schwesternheim – mit Ausnahmegenehmigung. Die organisierte sie nämlich auch noch.

Das Wort »Papa« existierte für mich nicht. Für mich war mein Vater immer Rinzi. Rinzi kommt aus Phaplu, einem Bauernhof in der Everest-Region, auf etwa 2700 Meter Höhe. Um nach Phaplu zu kommen, fährt man von Kathmandu einen Tag mit dem Bus, dann geht man drei Tage zu Fuß. Für Rinzi war das natürlich umgekehrt: Um nach Kathmandu zu kommen, musste er zuerst drei Tage zu Fuß gehen und dann in den Bus einsteigen.

Aber in Wahrheit war der Weg noch viel weiter.

Rinzi war der einzige aus der großen Bauernfamilie, der zur Schule gehen durfte. Die anderen fünf Geschwister waren daheim, mussten auf dem Bauernhof arbeiten. Keine Schule. Keine Ausbildung, weil kein Geld dafür da war.

Rinzi durfte zur Schule gehen, weil ihn sein Onkel mitgenommen hatte, als Sir Edmund Hillary die Schule von Junbesi besuchte. Hillary, der Mann, der 1953 den Everest erstbestiegen hatte, kam Jahr für Jahr nach Nepal, um Kindern von Sherpas eine gute Ausbildung zu ermöglichen. Rinzi stellte sich beim Test geschickt an. Er begriff schnell und er war fleißig. Er bekam ein Stipendium von Hillary und nützte diese Chance. Er absolvierte die Volksschule, ging aufs College und machte nach vierzehn Jahren Schule den Abschluss. Sein älterer Bruder besuchte nur fünf Jahre eine Schule, dann ging sich das finanziell nicht mehr aus.

Der Schulweg dauerte drei Stunden. Rinzi ging um sieben Uhr früh zu Hause weg, um zehn begann der Unterricht, um vier war Schulschluss, und um sieben Uhr abends war er wieder zu Hause. Kein Wunder, dass er gut zu Fuß war.

Meine Mutter hat mir oft die Geschichte erzählt, als sie zum ersten Mal nach Phaplu kam. Es war im Jahr vor meiner Geburt. Einer von Rinzis Brüdern hatte angerufen, dass der Vater schwer krank sei. Also flogen meine Eltern nach Nepal, meine Mutter wollte Rinzis Vater unbedingt noch kennenlernen.

Innsbruck – Frankfurt – Kathmandu, ein Tag im Bus, drei Tage zu Fuß.

Das Haus stand allein in einer Streusiedlung, die nächsten Häuser waren mindestens zehn Minuten entfernt. Es war in schlechtem Zustand. Nur zwei Kühe standen im Stall. Der Wohnraum lag direkt darüber, man musste über eine Stiege durch den Stall hinaufsteigen. Der Raum war riesengroß und dunkel. Er hatte nur kleine Fenster, die mit Plastikfolien abgedichtet waren. Von außen kam nur wenig Licht herein. Das Erste, was man sah, waren der buddhistische Altar und eine große Buddha-Statue, die in der Mitte des Raums standen. Links und rechts davon Holzbänke mit kleinen Tischen und ein einziges Bettgestell. Dort lag auf einer dünnen Matratze ein Mann, der nur noch aus Haut und Knochen bestand und sich mit jedem Atemzug abmühte. Das war mein Großvater. Er war 64 Jahre alt, und er bekam kaum noch Luft.

Mein Großvater war ein buddhistischer Mönch gewesen, ein Lama. Daher unser Familienname. 15 Jahre hatte er in einem tibetischen Kloster als Mönch gelebt. Als die Chinesen Tibet besetzt hatten und der Dalai Lama ins Exil geflohen war, kehrte der Großvater zurück nach Phaplu, wo er meine Großmutter traf. Die beiden heirateten. Er legte zwar die Mönchskutte ab, war jedoch bis an sein Lebensende als Laienmönch tätig, als Lama. Deshalb der Altar im Wohnzimmer.

Meine Großmutter war gestorben als Rinzi sechs Jahre alt war. Der Großvater hatte sechs Kinder allein aufziehen müssen. Hartes Brot.

Jetzt war er krank, am Ende seines Lebens. Natürlich ging mit meiner Mutter sofort die Krankenschwester durch. Sie machte alles sauber, ließ Wasser vom Bach holen, um es auf der Feuerstelle zu wärmen, sie wusch den Großvater und bettete ihn neu, und dann mussten alle helfen, um ihn aus der düsteren Stube hinunter vor das Haus zu tragen, von wo aus man über grüne Felder und Apfelbäume, den Wald und das ganze Tal schauen konnte, in den Frühling, ins Licht der Sonne.

Meine Eltern blieben zwei Wochen in Phaplu. Meine Mutter erzählt, wie unglaublich gastfreundlich die Familien waren, die sie besuchten. Die Leute hatten nichts, aber eine Tasse Tee gab es auf jeden Fall, und wenn sie ein Ei hatten, kochten sie das Ei für ihre Gäste.

Am Abend, bevor Rinzi und meine Mutter aufbrechen mussten, um die Reise zurück nach Europa anzutreten, gab es eine Familiensitzung, bei der besprochen wurde, was nach dem Tod des Großvaters geschehen sollte. Wer was bekommt. Was zu tun sein wird. Die Geschichte macht mir Eindruck. Dass alles ausgesprochen wird. Dass im Angesicht des Todes nicht so getan wird, als ob nichts sei. Dem Großvater konnte es ja auch nur recht sein zu wissen, dass er kein Chaos hinterlässt.

Meine Mutter und Rinzi waren noch nicht zurück in Österreich, als sie die Nachricht erreichte. Der Großvater war gestorben.

Drei

Ich kam am 4. August 1990 in Innsbruck zur Welt. Rinzi hatte einen Job bei einer Firma für medizinisches Recycling. Meine Mutter war in Karenz und kümmerte sich um mich. Wir wohnten in einer kleinen Wohnung in Axams. Meine ersten Erinnerungen stammen aus den Bergen. Vage Bilder schneebedeckter Gipfel. Ich kann beim besten Willen nicht mehr sagen, wo wir dauernd unterwegs waren, meine Eltern zu Fuß, ich im Tragetuch am Rücken. Ob es in den Alpen war, oder ob die Bilder in meinem Kopf von den Bergen Nepals stammen. Den Himalaja sah ich zum ersten Mal mit drei Jahren, als wir in Nepal Rinzis Familie besuchten.

Es gibt Fotos, auf denen ich mit meinen Cousins und Cousinen in Phaplu spiele. Meine Mutter sagt, dass ich mich mit den nepalesischen Kindern super verstanden habe, mir das würzige Essen gut geschmeckt habe und ich mich sofort zu Hause fühlte. Trotzdem war es ein trauriger Besuch. Rinzis älterer Bruder war gestorben, mit 42 Jahren. Es war klar, dass wir seinen Kindern helfen mussten. Meine Eltern brachten sie nach Westnepal in die Stadt Pokhara, wo ein anderer Bruder mit seiner Familie lebte.

Wir gingen dann noch eine Woche in die Berge, und

ich weiß nicht, ob ich mich wirklich erinnere oder ob es die Erzählungen der Eltern sind, die sich wie Erinnerungen anfühlen. Dass ich gehe und nie erschöpft bin, und nur wenn mir die Stufen der Wege zu hoch werden, hebt mich meine Mutter in das Tragetuch.

In Tirol ging ich ganz normal in den Kindergarten. Aber wenn das Wetter schön war, hat meine Mutter mich oft abgemeldet und wir waren in den Bergen unterwegs. Ich war fünf, als wir das nächste Mal nach Nepal reisten. Das kleinste Kind des jüngsten Bruders von Rinzi war gestorben. Das andere hatte eine üble Durchfallerkrankung. In Westnepal besuchten wir die anderen Kinder der Familie, die in einem Internat untergebracht waren. Das war zwar in Ordnung, aber meine Eltern hatten das Gefühl, dass die Kinder jemanden brauchten, der sich nicht nur um ihre Ausbildung kümmern würde. In der Nähe war ein S.O.S.-Kinderdorf. Mit viel Engagement erreichten meine Eltern, dass alle Geschwister Plätze im S.O.S.-Kinderdorf Gandaki in Pokhara bekamen. Das war die beste Idee, um die Familie, so gut es ging, wieder zusammenzubringen.

Wieder unternahmen wir, als die wichtigen Sachen erledigt waren, eine Trekkingtour. Ich freundete mich sofort mit den Trägern und der Küchenmannschaft an. Wieder die Erinnerung an Gehen, Gehen, Gehen. Gehen machte mich irgendwie glücklich. Meine Mutter sagt, dass ich nie gejammert habe.

Es erstaunt mich, dass sie das sagt. Warum hätte ich jammern sollen?

Im gleichen Jahr organisierten Freunde meiner Eltern in Innsbruck eine Benefizveranstaltung für die Nepalhilfe. Meine Eltern hatten einen großen Freundeskreis. Rinzi war inzwischen eine bekannte Figur in Axams. Er ist ein freundlicher Mann, und er fiel auf. Wenn Rinzi die Straße entlangging, kam er aus dem Grüßen gar nicht heraus.

Der Star der Veranstaltung war Wolfgang Nairz. Wolfgang hatte 1978 als erster Österreicher den Mount Everest bestiegen, und auch er war von Nepal nie mehr losgekommen. Er engagierte sich für die Nepalhilfe, für bessere medizinische Versorgung der Bevölkerung, und hatte meiner Mutter damals geholfen, die Papiere für die Einbürgerung von Rinzi zu organisieren. Zu der Veranstaltung hatte er auch seinen Freund und Kletterkollegen Peter Habeler eingeladen, dem gemeinsam mit Reinhold Messner die Erstbegehung des Mount Everest ohne Sauerstoffflasche gelungen war. Peter veranstaltete jeden Sommer Kletterlager in den Zillertaler Alpen: »Jugend klettert mit Peter Habeler«. Teilnahmeberechtigt waren Kinder zwischen acht und vierzehn Jahren. Hans Gastl, dessen Raiffeisenbank die Nepalhilfe unterstützte, machte Peter den Vorschlag, mich mitzunehmen. Er sagte, ich sei schon in Nepal gewesen und für mein Alter ausgesprochen gut zu Fuß.

»Interessant«, sagte Peter und rief ein paar Tage später meine Eltern an. »Wenn David Lust hat, soll er mitkommen.«

Meine Mutter bezweifelte, dass ich Lust haben würde. Ich war bis dahin nie von meinen Eltern getrennt gewesen. Ich hatte noch nicht einmal auswärts geschlafen. Aber ich hatte Lust.

Wir fuhren also ins Zillertal, und die Eltern brachten mich auf die Kasseler Hütte, 2177 Meter hoch gelegen, sechs Stunden Gehzeit vom Parkplatz. Als wir oben waren, fragte mich meine Mutter noch einmal: »Bist sicher, David?«

»Ja, Mama.«

Dann gingen sie wieder ins Tal hinunter, und ich blieb oben auf der Hütte. Viele Kinder, nette Kinder, ältere Kinder, die sich sofort um mich kümmerten. Aber am interessantesten war der Klettergarten hinter der Hütte. Ein senkrechter Spielplatz, der mich magisch anzog. Ich bekam einen Helm und einen kombinierten Brust- und Hüftgurt, ich wurde von oben angeseilt und durfte klettern. Ausprobieren, wie es ist, den Boden zu verlassen und Schritt für Schritt nach oben zu steigen.

Als meine Eltern am nächsten Tag bei Peter Habeler anriefen, um nachzufragen, ob mich nicht eh das große Heimweh gepackt hat, sagte er: »David hat nicht einmal nach euch gefragt. Aber kommt unbedingt einen oder zwei Tage früher auf die Hütte, ihr müsst euch anschauen, was euer Sohn für ein Gefühl für den Fels hat. Wie der am Fels steht, was der für einen Instinkt hat. So was habe ich bei einem Kind noch nie gesehen.«

Peter hatte eine Riesengaudi mit mir. Er schärfte meinen Eltern ein, sie sollten mich unbedingt weiter klettern lassen. Ich hätte wirklich Talent.

Aber das war gar nicht so einfach. Sportklettern steckte

Mitte der neunziger Jahre noch in den Kinderschuhen. Es gab kaum Kletterhallen, in Innsbruck hatte nur die Halle des Innsbrucker Turnvereins eine kleine Kletterwand. Das war alles. Meine Mutter hatte überall herumtelefoniert, Sportverein, Alpenverein, aber es gab nirgends einen Ort, wo Kinder Klettern lernen konnten.

Durch Zufall erfuhr meine Mutter, dass ein gewisser Scherer Reinhold, ein Osttiroler Sportstudent, privat mit einer Gruppe von Kindern kletterte, einmal pro Woche in der Halle des ITV. Zu Hause habe er im Keller eine Boulderwand, dort kraxelten sie auch. Meine Mutter besorgte sich die Telefonnummer, rief den Reini an und fragte, ob ich mich der Gruppe anschließen dürfe. Dann folgte zum ersten Mal der Dialog, der sich in den nächsten Jahren immer und immer wieder wiederholen würde.

»Wie alt ist denn der David?«

»Sechs.«

»Das ist zu jung.«

Es kostete meine Mutter einige Überredungskraft, bis der Reini endlich die Antwort gab, die sie hören wollte: »Okay, kommt in der ITV-Halle vorbei. Ich schau mir den Buben an.«

Es war an einem Mittwoch. Und als meine Mutter mich nach zwei Stunden in der Halle wieder abholte, hatte Reini Scherer schon sein berühmtes breites Grinsen im Gesicht: »Kein Thema. Ich nehm den David sofort.«

Vier

Die Gruppe bestand damals aus zehn, fünfzehn Kindern, und von heute aus betrachtet muss man sagen, dass viele der derzeitigen Weltcup-Kletterer Österreichs hier angefangen haben. Alle tanzten nach der Pfeife vom Scherer Reini: Anna Stöhr, die Saurwein-Schwestern Katharina und Franziska, mein Freund Daniel Steuerer.

Wir waren wie junge Hunde. Mit dem einzigen Unterschied, dass Hunde nicht so gut klettern können wie wir. Wir hatten Spaß und suchten Herausforderungen, weil wir Spaß hatten. Und weil die Herausforderungen noch mehr Spaß brachten, wurden wir in einem Höllentempo besser.

Ich war nicht nur der Jüngste der Gruppe, sondern auch der Kleinste. Deshalb nannten mich die anderen »Fuzzy«. Meine Kletterschuhe waren mit »Fuzzy« angeschrieben. Fuzzy. Der Spitzname ist mir bis heute geblieben.

Reinis Klettergruppe war für mich mehr als eine Freizeitbeschäftigung. Die zufällig zusammengewürfelten Kletterkinder waren meine Trainingspartner, meine Konkurrenten, vor allem aber: meine Freunde. Ich hatte auch Freunde in der Volksschule in Axams, aber in Reinis Gruppe war das etwas anderes. Da hatten wir, auch wenn wir Kinder waren, gemeinsame Ziele – eine Linie zu klettern, für die wir gestern noch nicht genug Schmalz gehabt hatten; einen Zug zu lernen, den wir noch nicht beherrschten. Ich weiß nicht, ob ich der Einzige war, der sich schon damals vornahm, unbeeindruckt vom praktischen Denken der Erwachsenen, niemals etwas anderes machen zu wollen als Klettern. Das hatte ich mit erstaunlicher Deutlichkeit vor Augen: Klettern war meine Gegenwart, aber vor allem: meine Zukunft.

Meine Eltern hatten schnell begriffen, dass Klettern für mich etwas ganz Besonderes war, und weil sie selbst gern in den Bergen waren und Freude hatten, wenn ich Freude hatte, begannen sie, mit mir klettern zu gehen – oder besser gesagt, meinen Freunden und mir zu ermöglichen, so viel zu klettern, wie wir wollten. Wir waren an jedem freien Tag unterwegs. Meistens war Daniel dabei, mit dem ich mich schon von Anfang an blendend verstand. Wir mussten nicht miteinander reden. Unsere Sprache war das Klettern, und wir lernten von Tag zu Tag neue Vokabeln.

Daheim verwandelte ich die Unterseite unseres Esstischs in meine Boulderwand, weil wir keinen Platz für eine richtige hatten. Der Tisch wurde von einem Querbalken gestützt, da konnte man sich super anhalten, also begann ich unter der Sitzbank zu klettern, durchquerte den Tisch an seiner Unterseite, hangelte mich hinüber zum Schrank und zur Heizung. Aber das Wohnzimmer reichte mir natürlich nicht. Ich präparierte auch die Abfahrt in die Garage unseres Hauses, da hatte der Beton kleine Löcher. Ich schlich mich mit dem Hammer hinaus und klopfte die winzigen Griffmöglichkeiten ein bisschen größer, und dann probierte ich die Garageneinfahrt als Nordwand aus. Es war fast nicht möglich, in den kleinen Löchern Halt zu finden, und gerade das war super. Ich kletterte, ohne mich richtig festhalten zu können.

Mit den Eltern ging ich erste Skitouren, noch ohne Tourenbindung. Ich stieg einfach in einen ganz lockeren Skischuh und marschierte los. Wir gingen rodeln. Der Berg war von Anfang an der Platz, wo ich mich daheim fühlte. Beim Rodeln auf eine Alm zu kommen und ins Tal zu schauen – die Schönheit dieser Momente hat mich schon berührt, als ich noch ein Kind war. Außerdem sah ich hinter jeder Ecke die nächste Herausforderung: Wenn ich rodeln ging, und ich sah die Spuren von Tourengehern, die den Berg weiter hinaufführten, dann wollte ich auch dort hinauf. Meine Eltern trieben mich nicht an. Sie bremsten mich nur nicht. Sie ermöglichten mir das zu machen, was mir taugte.

Doch erst mal musste ich meinen Freunden und Trainingspartnern zuschauen, als sie ihre ersten Wettkämpfe bestritten. Das war hart, denn ich hatte die ein, zwei, vier Jahre, die ich jünger war als die anderen, schnell aufgeholt. Im Training war ich so gut wie die anderen, aber beim Wettkampf musste ich zuschauen.

Tiroler Meisterschaften.

Zu jung.

Österreichische Meisterschaften.

Zu jung.

Es ging mir auf die Nerven, dauernd zu jung zu sein.

Es dauerte ein verdammt langes Jahr, bis ich an meinem ersten Wettkampf teilnehmen durfte. Ich war noch sieben. Ich hatte jede Woche zweimal zweieinhalb Stunden in Reinis Gruppe trainiert, und ich konnte mir nichts Aufregenderes vorstellen, als das, was ich gelernt hatte, in einem Wettkampf anzuwenden.

Wir fahren nach Telfs, 30 Kilometer von Innsbruck entfernt. Auf dem Areal einer alten Fabrik findet der »Hohe-Munde-Cup« statt. Der Kletterwettbewerb heißt wie der Berg, der hinter Telfs mächtig aufragt. Geklettert wird auf einem gemauerten Schornstein, in den Löcher gebohrt sind. Ich habe das Gefühl, ich kann diesen Schornstein wenn nötig auch ohne Hände und Füße hinaufgehen.

Ich bin bereit.

Ich will endlich zeigen können, was ich draufhabe.

Ich trage eine kurze Hose mit Blumenmuster und ein weißes T-Shirt, auf dessen Rücken ein wildes, asiatisches Muster gedruckt ist. Um den Kopf habe ich ein knallrotes Tuch zu einem Stirnband geknüpft. Ich sehe nicht nur aus wie ein kleiner Samurai, ich bin auch so entschlossen wie ein kleiner Samurai.

Ich bin der Jüngste im Wettbewerb, und ich arbeite mich mit aller Leidenschaft und dem technischen Können, das mir der Reini beigebracht hat, den Schornstein hinauf.

Die wenigen Zuschauer klatschen, meine Freunde feuern mich an.

Ich sehe, wie die Löcher im Schornstein zu einer Route werden, und ich gehe diese Route hinauf, immer weiter.

Die Zuschauer klatschen noch mehr und meine Freunde schreien lauter: »Allez Fuzzy, allez.« Dann rutsche ich ins Seil und werde hinunter zum Boden gelassen.

Ich bin Zweiter. Ich bin total happy. Endlich Wettkampf. Endlich im Klassement, und gleich ganz vorne dabei. Ich freue mich, aber irgendwie beginne ich mir auch ganz leise eine Frage zu stellen.

Warum bin ich nicht Erster geworden?.

Wir nannten den Reini »Lockenschädel« oder auch »Scherer-Plärrer«. Das klingt vielleicht respektlos, war aber ganz sicher nicht so gemeint, denn wir hatten gehörigen Respekt vor ihm. Reini war ein Trainer und ein Vater und ein Freund. Der Typ konnte launisch sein, und wenn er sich einmal eine Meinung gebildet hatte, war er nur sehr schwer davon abzubringen. Aber er besaß jede Menge Leidenschaft fürs Klettern, und die gab er mit jedem Schritt, den er machte, an uns weiter.

Echt, der Typ lebte Klettern.

Als wir anfingen, war Reini vielleicht 25 und hatte an ein, zwei Weltcups teilgenommen. Aber vor allem trieb er sich draußen am Fels herum. Er hatte immer seine Bohrmaschine und ein paar Haken dabei, um Routen einzurichten. Sportklettern am Fels funktioniert so: Du kletterst wie in der Halle frei am Felsen, ohne technische Hilfsmittel. Die Haken für die Tour sind fix in den Fels gebohrt, so dass du dich ganz aufs Klettern konzentrieren kannst. Du musst bloß alle zwei, drei Meter dein Seil einhängen, um dich zu sichern.

Die Bohrmaschine war Reinis Freundin, oder sagen wir so: er war auf jeden Fall mehr mit seiner Bohrmaschine zusammen als mit seiner Freundin. Es war eine Hilti. Die Hilti ist der Rolls Royce unter den Bohrmaschinen. Auch Reinis Studium hatte unter ihr zu leiden. Er musste sich einfach viel zu oft entscheiden, ob er eine Seite lernen oder eine neue Route einbohren wollte. Das sah dann nur selten gut aus für das Lernen. Reini war einfach fanatisch. Er hätte sein letztes Hemd verkauft, wenn er dafür einen Bohrhaken bekommen hätte, und er gab seinen Fanatismus ungefiltert an uns weiter. Er hat uns infiziert. Und die Leidenschaft, die er auf uns übertrug, bekam er in jeder Trainingseinheit von uns zurück.

Geld, Aufwand, Zeit, alles egal. Leidenschaft. Das war der Deal.

Reini ging mit uns bald raus aus der Halle, auf den Fels. Was ihn am Fels vor allem fasziniert, sind Linien, das brachte er uns bei. Du hast eine glatte Wand vor dir, sozusagen ein unbeschriebenes Blatt. Aber sobald du genauer hinschaust, siehst du, dass die Wand gar nicht glatt ist.

Sie hat Strukturen und Risse.

Manchmal läuft eine Sintersäule senkrecht nach unten, dann musst du gar nicht mehr über eine Linie nachdenken, sie ist vorgegeben.

Wenn ein Kletterer eine Wand anschaut, geht in seinem Kopf vielleicht etwas Ähnliches vor wie im Kopf eines

Künstlers, der aufs Papier starrt und eine Inspiration hat. Du erkennst auf den ersten Blick, welche Linie du klettern möchtest. Du stellst sie dir zuerst vor. Dann schaust du sie dir genauer an, und wenn du glaubst, sie geht, bohrst du sie ein.

Dann ist sie da.

Deine Linie.

Dein Kunstwerk.

Ich liebte das Klettern am Fels von Anfang an, genauso liebte ich das Klettern in der Halle. Aber draußen kam zu den Herausforderungen des Kletterns noch das Wetter dazu, der Wind, die Struktur des Felsens. Es waren kleine Abenteuer, die wir am Fels erlebten. Außerdem gab mir, dem Kleinen, der Fels die Chance, nach Alternativen zu suchen, wenn ich wieder einmal einen Griff nicht erreichen konnte. In der Halle, wo Erwachsene die Routen schraubten, erwischte ich oft den nächsten Griff nicht, weil ich einfach zu kurz dafür war. Auf dem Fels hast du nicht nur einen Griff, sondern hunderttausend. Ich lernte, den Fels zu lesen. Sozusagen zwischen den Zeilen.

Oft fuhren wir nach Mühlau, in der Nähe von Innsbruck, dort konnte man ohne viel Aufwand am Felsen klettern. Oder wir gingen durch die Ehnbachklamm, dort kletterten wir und erlebten nebenbei jede Menge Abenteuer. Nach dem Klettern konnten wir im Wasser pritscheln und einen Staudamm bauen. Es war fantastisch. Reini wollte gute Kletterer aus uns machen, keine Profis. Er vergaß nicht, dass wir Kinder waren. Wir spielten und lernten, Reini gab uns interessante Aufgaben. In der Halle kletterten wir zum Beispiel zu zweit, wobei zwei Füße aneinander gefesselt wurden, je ein Fuß von einem von uns. Das ist ein lustiges Spiel, aber dahinter versteckt sich eine raffinierte Technikübung. Oder Reini legte irgendwelche Sachen auf die Griffe, und wir mussten probieren, auf die Tritte zu steigen, ohne dass die Sachen runterfliegen. So lernt man, sehr präzise zu steigen. Wir trainierten, dass es krachte. Aber auch wenn es krachte, es machte immer Spaß.

Der Reini war ein Teil unserer Gruppe, ein 25jähriges, ein 30jähriges Kind. Er hatte zwar eigene Projekte im Kopf, aber er spielte auch bei den dümmsten Spielen mit. Wir waren es, die irgendwann anfingen, ihn zu drängen: Wir wollen Wettkämpfe machen, Reini. Wir wollen erfolgreich sein. Niemals hätte er uns in eine Karriere als Wettkampfkletterer gepusht, ihm reichte das pure Klettern. Aber als er sah, dass wir uns vergleichen wollten, dass wir denen da draußen beweisen wollten, wie gut wir waren, unterstützte er uns mit ganzer Kraft. Und sobald Reini gesagt hatte, okay, ich trainiere euch, zog er die Zügel an. Er war kein Larifari-Trainer. Er nahm die Sache ernst. Meistens zumindest. Er schrieb Trainingspläne, die fast nicht einzuhalten waren, weil er eh nicht glaubte, dass irgendwer das ganze Programm machen würde, und wenn doch, dann umso besser.

Fünf

Die Trainingslager in Arco waren die Höhepunkte des Jahres. In Arco, am nördlichen Ende des Gardasees, gab es Klettergärten mit Routen in allen Schwierigkeitsgraden, und es war eine Katastrophe für mich, als ich beim ersten Mal, als die Gruppe ins Trainingslager fuhr, nicht mitdurfte. Wieder war ich zu jung. Ich lag weinend auf meinem Bett und bemühte mich, jeden Tag zwei Tage älter zu werden.

Als ich im Jahr darauf mitfahren durfte, inzwischen acht Jahre alt, hatte ich das Gefühl, im Paradies zu sein. Wir wohnten auf dem Campingplatz. Die Eltern aller Kinder waren mit von der Partie, und wir waren den ganzen Tag am Fels. Mittagessen war gemeinsam mit den Eltern, es gab Salami- und Schinkenbrote und Eistee.

Der Fels des Klettergartens von Massone war genial. Die Touren waren länger als alles, was ich bisher geklettert war, und allein die Höhe der Wand machte mir Freude. Der Blick auf den See in der Ferne, die Wand hinunter, wo die Freunde im Seil hingen. Ich hätte mir keinen Ort der Welt vorstellen können, an dem ich lieber gewesen wäre.

Ich kletterte meine erste Tour im Schwierigkeitsgrad 8–.

Die Skala der Schwierigkeitsgrade geht von 1 bis 11+. In den sechziger und siebziger Jahren, zu Zeiten des Bergsteigers und Kultautors Walter Pause, galt »VI+« als oberstes Limit. Pause beschrieb diese Schwierigkeit mit einem »Gang an der Sturzgrenze für die besten Felskletterer in Hochform«. Ansonsten sind die Schwierigkeitsgrade eine Wissenschaft für sich. Auch wenn sie der Versuch sind, Herausforderungen objektiv zu bewerten, bilden sie eher die individuellen Stärken und Schwächen der Kletterer ab, die eine Route erstbegehen und die Wertung vorschlagen. Besonders in den obersten Schwierigkeitsbereichen gehen die Meinungen weit auseinander.

Meine 8- passierte mehr oder weniger zufällig. In Arco waren alle Routen, die wir kletterten, Einseillängen-Routen. Das hieß, derjenige, der sichert, stand am Boden und hatte das Seil in der Hand. Ein paar ältere Kollegen hatten die Route bereits probiert und ihr Material in der Wand gelassen. Als mich niemand wegschickte, dachte ich mir: »Jetzt probier ich sie auch.« Und so bin ich halt rauf. Schon als Achtjähriger reizten mich solche Herausforderungen, und irgendwie ist das so geblieben: Sobald ich ein Motiv hatte, mich irgendwo besonders reinzuhängen, hängte ich mich rein, und wenn ich mich reinhängte, schaffte ich es meistens auch.

Das Motiv war natürlich, die anderen zu beeindrucken, und vor allem den Reini – der Reini war der große Hero dieser Jahre. Weder er noch die anderen hatten damit gerechnet, dass ich die 8– hinkriegen würde, das war mein Motor. Die erstaunten Blicke, als ich ganz oben angekommen war. Ein großartiger Lohn für die Anstrengung.

Jeden Tag fiel uns etwas ein. Zum Beispiel Pendeln.

Da gab es eine Wand, ungefähr hundert Meter breit. Du kletterst in der Mitte der Wand bis ganz nach oben, wirst von deinem Partner heruntergelassen und gehst über ein schmales Bankerl bis zu einem Felssporn, der rechts in etwa 45 Meter Höhe aus der Wand ragt. Dein Partner zieht so lange das Seil ein, bis es gespannt ist. Dann zieht es dich eh schon fast vom Felssporn und du musst nur noch loslassen. Du fetzt durch die Luft, dass es eine Freude ist. Wie auf einer Schaukel am Kinderspielplatz, nur zehnmal so hoch.

Das war Arco. Arco war genial.

Wir kletterten sechs Tage die Woche, ein Tag war Ruhetag. Das war der einzige Tag, den ich hasste. In Wahrheit war der Ruhetag dafür da, dass Reini mit Rupi, unserem zweiten Trainer, in Ruhe klettern gehen konnte, also ohne das ganze Rudel im Gepäck. Rupi war zu uns gestoßen, als immer mehr Kinder klettern wollten und die Gruppe für Reini allein zu groß geworden war. Äußerlich war er das genaue Gegenteil von Reini. Im Gegensatz zu dessen Locken hatte Rupi den Schädel kahl geschoren. Er ist ein verständnisvoller, engagierter Typ, und man kann gut mit ihm diskutieren. Auch das im Gegensatz zum Reini. Reini kann man vor allem gut zuhören.

Die anderen sind am Ruhetag gern mit den Eltern zum Baden oder Radfahren. Ich wollte freilich weder noch. Ich wollte klettern, und weil ich sonst in Hungerstreik gegangen wäre, nahm mich Reini am Ende doch mit. Wir machten Sturztraining. Stürzen macht Spaß. Wir ließen auf unseren Touren immer wieder absichtlich Haken aus, um weiter zu fallen, wenn es uns haute. Wir bewegten uns auf dem Fels schon wie die Eidechsen, von denen es in Arco jede Menge gibt. Sehr sicher, sehr vertraut. Stürzen war wie eine Fahrt auf der Achterbahn, nur billiger.

Wenn du beim Sportklettern fliegst und dein Partner gut sichern kann, merkst du von der Wucht des Sturzes fast nichts. Dein Partner bremst dich nicht abrupt ab. Er bremst dich langsam bis auf null herunter, indem er das Seil immer langsamer durch das Sicherungsgerät am Gurt rutschen lässt.

Reini bohrte ein wie verrückt. Eines seiner wertvollsten Geschenke war, wenn er uns eine seiner Routen erstbegehen ließ, denn die Erstbegeher dürfen der Route einen Namen geben. Aus dieser Zeit stammt die Kathamartina, ein Projekt von Katharina Saurwein und Martina Salchner, oder die Ursu von der Ursula Stöhr, der Schwester der jetzigen Weltcupkletterin Anna Stöhr.

In Arco leckte ich Blut. Das Klettern in der Halle machte mir zwar Spaß wie sonst kaum etwas, aber dieses Etwas war das Klettern am Fels. Ins Felsklettern verliebte ich mich, und meine Eltern hatten das Gespür, das sofort zu begreifen. Es traf sich gut, dass sie auch so gern am Berg waren. Wir gingen also gemeinsam klettern, das machte allen Spaß. Es war etwas, was wir gemeinsam tun konnten. Unsere Ausflüge waren so, wie ich mir Familie vorstelle. Etwas tun, was man liebt, nur dass man es gemeinsam tut, und gemeinsam ist es noch schöner.

Meine Eltern hatten nie Angst, wenn ich kletterte. Sie

sind in den Bergen groß geworden, so wie ich damit groß geworden bin. Sie kannten sich gut aus, und sie hatten volles Vertrauen zum Reini, der uns von Anfang an beibrachte, trotz aller Leidenschaft verantwortungsvoll zu klettern. Er machte uns gleich einmal klar, dass das, was wir tun, nicht ohne ist und man nie leichtsinnig werden darf, weil schnell etwas passiert.

In unserer Gruppe passierte eigentlich nie etwas. Nur Daniel hat sich einmal verletzt. Er war auf einem Felsblock unter der Wand ausgerutscht, auf den man im Prinzip rauf- und runtergehen konnte, ohne die Hände zu gebrauchen. Er fiel blöd hin und tat sich am Ellenbogen weh, ein Stück Knochen oder Knorpel splitterte ab. Er musste operiert werden, und als er nach der Operation wieder zurückkam, konnte er den Ellenbogen nicht mehr richtig ausstrecken und hatte den Anschluss verloren. Außerdem waren wir inzwischen im Gymnasium, in der Schule war mächtig viel zu tun, und Daniel beendete das Wettkampfklettern, bevor es für ihn richtig begonnen hatte. Dafür kletterte er umso mehr am Fels.

Sechs

Meine Eltern schafften sich einen Opel Zafira an. Immer wenn Zeit war, fuhren wir irgendwohin, wo man gut klettern konnte. Wir fuhren die Tiroler Täler ab, wir fuhren über den Brenner nach Italien, über den San Bernadino in die Schweiz und weiter nach Frankreich. Oft war Daniel mit von der Partie, dann saßen wir zwei auf der Fahrt hinten im Auto, spielten Gameboy und schauten aus dem Fenster, um Wände auszuchecken. Meine Mutter sagt über diese Zeit immer, dass wir herumgegondelt sind wie die Zigeuner. Wir nützten jeden Feiertag, jedes Wochenende, um klettern zu gehen, und ich durfte sagen, wohin wir fahren sollten.

Meine Eltern erzogen mich sehr großzügig. Rinzi ist Buddhist, und meine Mutter ist über die Jahre auch immer mehr zur Buddhistin geworden. Bei einer feierlichen Zeremonie, einer sogenannten »Zufluchtnahme«, in Feldkirch gelobten sie rituell, dass auch ich nach der buddhistischen Lehre erzogen werden solle, aber sie waren auch was das Religiöse betrifft, sehr großzügig. Wir feierten Weihnachten mit Tannenbaum, der Osterhase kam bei uns vorbei, und nur die Gebetsfähnchen in den Farben der fünf Elemente – Wasser, Licht, Luft, Feuer und Erde – waren immer irgendwo aufgehängt. Rinzi erklärte mir, dass allein der Wind, der die Fähnchen bewegt, die Gebetssprüche, die auf den Stoff gedruckt sind, zur Wirkung bringt.

Es waren eher praktische Dinge, an denen sich die religiösen Grundsätze meiner Eltern offenbarten. Sie achteten zum Beispiel sehr darauf, dass ich keine Tiere tötete, nicht einmal unabsichtlich. Als ich als kleines Kind Ameisen zertreten wollte, erklärte mir meine Mutter stundenlang, dass auch das kleinste Lebewesen ein Recht darauf hat, zu leben. Aber sie hat nicht versucht, mir zu erklären, dass die Ameise möglicherweise mein reinkarnierter Uropa ist.

Rinzi lebt seinen Glauben sehr praktisch. Der Buddhismus übersetzt sich bei ihm in eine bewundernswerte Ruhe. »Wir sind reich«, sagte er oft, und auch wenn das nicht unbedingt für unseren Kontostand galt, stimmte es natürlich, denn: »Wir sind gesund.« Auch als sein ältester Bruder mit 42 Jahren starb, nahm Rinzi es mit Fassung: »Seine Zeit war vorbei.«

Auch wenn ich selbst nie den Weg in den Buddhismus gefunden habe, beeindruckt mich die Ruhe meines Vaters und auch die Selbstverständlichkeit, mit der er sich in Situationen schickt, die er nicht ändern kann. Er ärgert sich nicht. Er spart seine Energie für das auf, was er selbst in der Hand hat.

Ich lebe ohne religiöse Zeremonien nach dem Motto »Jetzt leben. Weil wenn's aus ist, ist's aus.« Ich respektiere den Glauben der anderen. Aber ich möchte, dass sie respektieren, woran ich nicht glaube.

Als ich ungefähr acht war, besorgte Reini unserer Gruppe den ersten Sponsor: den Schweizer Kletterausrüster Mammut. Mammut sponserte das ganze Team, wobei »sponsern« ein ziemlich großes Wort ist. Wir bekamen eine Kletterhose, die den Kleinsten von uns sicher fünf Nummern zu groß war. Die Kleinsten – das war natürlich ich, aber das machte mir nichts aus. Die Hose hätte auch zehn Nummern zu groß sein können. Ich musste sie zweimal umkrempeln, damit ich mir nicht dauernd draufstieg, aber ich wuchs augenblicklich um einen halben Meter. Für mich war es eine Auszeichnung.

1999, als Neunjähriger, gewann ich den Juniorcup des Österreichischen Alpenvereins, die inoffiziellen österreichischen Nachwuchsmeisterschaften, und mit dem ersten Sieg im zweiten Wettkampf begann eine Serie von Siegen in allen Wettbewerben, an denen ich teilnehmen durfte. Ich gewann den Juniorcup fünfmal hintereinander, wurde Tiroler Jugendmeister, gewann den »Rockmaster Kids Cup« in Arco, zweimal den »Rockmaster unter 14«. 2004, knapp 14, gewann ich die Gesamtwertung des Jugendeuropacups mit dem Punktemaximum und wurde in Edinburgh Jugendweltmeister. 2005 wiederholte ich den Sieg im Jugendeuropacup und gewann, diesmal in Peking, ein zweites Mal den Jugendweltmeistertitel.

Die Kletterspezialisten wurden schnell auf mich aufmerksam. Es erschienen erste Zeitungsartikel, in denen das Wort »Wunderkind« vorkam. Ein Kletterkollege von Reini, Gerhard Hörhager, arbeitete zu dieser Zeit als Vertreter des Kletteraustatters Metolius. Er kam in die Halle und bot meinen Eltern an, mich zu sponsern. Ich war zehn Jahre alt und bekam meinen ersten Einzelsponsor. Ich kriegte Material und ein bisschen Geld. Das Geld erlaubte meinen Eltern, meine Kletterleidenschaft noch intensiver zu unterstützen als vorher. Sie setzten es für unsere Reisen, für Benzin und Campingplatzgebühren ein.

Die nächste Firma, die mich unterstützte, war Raiffeisen. Hans Gastl, der Direktor der Bank, hatte meine gesamte Karriere sorgfältig verfolgt und gefördert. Jetzt eben nicht nur privat, sondern mit einem Sponsorvertrag. 2001 kam Andres Lietha, der Sponsoringmann von Mammut international, zu einem Training und bot an, mich ins internationale Team von Mammut aufzunehmen. Das internationale Team von Mammut! Genial! Es war bekannt, dass die Schweizer Firma nur die Besten in dieses Team aufnimmt. Ich kriegte also nicht nur einen Vertrag und ein bisschen Geld, sondern vor allem etwas, was sich niemand kaufen konnte – Anerkennung.

Mit dem Team von Mammut – Cédric Lachat, Remo Sommer, Nina Caprez, den Geschwistern Christina, Daniel und Thomas Schmid – reiste ich im Oktober 2005 via Mailand nach Rumney in New Hampshire. Es war mein erster Transatlantikflug. Ich war 15. Als wir in Boston ankamen, gab es Verwirrung bei der »Immigration«: Wir mussten, wie alle Amerikatouristen, Fingerabdrücke nehmen lassen. Aber wer einmal die Finger von Kletterern gesehen hat, weiß, dass unsere Finger nicht mit denen anderer Amerikatouristen zu vergleichen sind. Keine Fingerabdrücke. Ideale Voraussetzungen für das perfekte Verbrechen. Der Immigration Officer versuchte es mit Fingerspitzenmassage und mit Fett – keine Chance. Am Schluss war er mit der Erklärung, dass wir Kletterer sind, zufrieden und ließ uns einreisen.

Wir kletterten zehn Tage in Rumney, es machte Spaß. Ich kletterte zehn Routen pro Tag, alle zwischen 8a und 8c+. Die anderen wunderten sich, dass ich dermaßen Gas gab, aber war ich nach Amerika gefahren, um zu klettern oder um mich auszuruhen?

Wir wohnten in einem kleinen Häuschen in Tenney Mountain, mitten im Wald, und der Wald war ein Traum. Er hatte alle Farben, die ein Wald haben kann, es roch nach Herbst, Indian Summer, und nur wenn ich kletterte, vergaß ich, dass ich in Amerika war. Amerika war weit weg. Der Fels fühlte sich an wie zu Hause.

Zurück in Innsbruck lernte ich einen Holländer namens Jorg Verhoeven kennen. Blonde, kurze Haare und ein strahlendes Lächeln. Er stand vor dem Tivolistadion, hatte einen Rucksack dabei und eine Gitarre, und er fragte mich, ob ich eine Idee hätte, wo er übernachten könnte.

»Ja«, sagte ich. »Komm erst einmal zu uns.«

Wir hatten zwar in Götzens keine besonders große Wohnung. Aber das Sofa war groß genug für Jorg. Meine Eltern schauten ein bisschen überrascht, als ich mit dem neuen Mitbewohner nach Hause kam, aber Jorg war charmant und unterhaltsam, und es würde ja nicht für immer sein.

Er war 20, fünf Jahre älter als ich. Kam aus Abcoude bei Amsterdam. Darauf war er besonders stolz, weil es kein anderes Dorf in Europa gibt, das mit den Buchstaben A, B, C beginnt. Er hatte in der Schule auf der Kletterwand mit dem Klettern angefangen, war mit seinen Eltern kreuz und quer durch Europa gereist und hatte in Südfrankreich seine Liebe zum Felsklettern entdeckt. Er war früh ins Wettkampfklettern eingestiegen und hatte sich konsequent an die Spitze herangearbeitet, bis er absolute Weltklasse war. Nachdem er die Schule fertiggemacht hatte, nahm er kurz entschlossen den Flieger und reiste nach Arco, um dort zu klettern, und weil er kein Geld hatte, wohnte er in einer der vielen Höhlen in Massone, und tat nichts außer Essen, Schlafen und Klettern. Die Höhle teilte er sich übrigens mit einem kleinen Haustier: einem jungen Wildschwein, das nachts gern zu Jorg kam und sich neben seinen Schlafsack legte.

Die wahnsinnigste Story von Jorg ist, wie er damals beim Klettern stürzte und sich den Fuß brach. Er ging aber nicht zum Arzt, sondern kletterte weiter, er fuhr sogar mit dem kaputten Haxen zum Weltcup in Lecco. Er konnte fast nicht gehen, hinkte wie ein Kriegsveteran, schaffte es aber trotzdem bis ins Halbfinale. Dann nahmen ihn allerdings die Sanitäter fest und brachten ihn ins Spital. Auch sie fanden die Story legendär. Dabei wussten sie gar nicht, dass Jorg schon zwei Wochen in diesem Zustand herumgehumpelt war.

Jorg ließ sich dann noch ein bisschen treiben. Er wohnte bei einem Freund in Südfrankreich, lernte ein Mädchen aus Brüssel kennen und zog für ein Jahr zu ihr. Als die Beziehung vorbei war, trampte er durch die Alpen. So kam er nach Innsbruck, verbrachte die erste Nacht auf einer Bank im Hofgarten, dann war er zum Tivolistadion gegangen, um vielleicht einen Kletterer zu treffen, der ihm weiterhelfen konnte. Jorg übernachtete dann eine Zeit lang bei uns auf dem Sofa. Dann lernte er die Saurwein Katharina kennen, eine super Kletterin aus Reinis Gruppe, verliebte sich in sie und zog bei ihr ein.

Ich ging mit Jorg oft in die Halle, und wir trainierten gemeinsam. Er ist ein großartiger Kletterer. Aber er wollte nicht nur in der Halle trainieren. Wir kletterten am Fels, und irgendwann erzählte er mir, dass es in England besonders lässig am Fels sei.

»Okay«, sagte ich. »Dann fahren wir doch nach England und klettern.«

England ist sehr bekannt für seine gefährlichen Touren. Außerdem haben die Engländer beim Klettern eine besondere Ethik. Für sie ist es ausgeschlossen, den Fels zu beschädigen, indem sie Haken einbohren oder einschlagen. Sie verwenden nur Friends und Klemmkeile, und auch die Normalhaken dürfen nicht mit dem Hammer eingeschlagen werden, sondern nur mit der Hand. Wenn keine Sicherung gelegt werden kann – darauf läuft die Sache nämlich hinaus –, wird eben keine gelegt.

Wir flogen nach England und fuhren mit dem Mietauto Richtung Stanage Edge. Stanage ist ein Felsabbruch in der Nähe von Sheffield, der sich rund um einen Hügel zieht. 15 Meter hohe, senkrechte Wände. Alle paar Meter neue Routen. Wenn dir eine Route gefällt, machst du sie, wenn nicht, gehst du weiter. Du brauchst keinen Führer, du brauchst keine Topos, die unter Kletterern üblichen Aufzeichnungen, auf denen jede Route genau notiert ist. Du kannst enorm schwierige Sachen klettern, die du zuerst, von oben am Seil hängend ausbouldern musst, bis du sicher sein kannst, nicht zu fallen. Aber du kannst auch ganz einfach und gemütlich klettern, so wie andere Leute an einer Bar miteinander Bier trinken, nur dass Klettern doppelt so lustig ist.

Wir kamen abends an. An ein Hotel dachten wir nicht einmal. Wir kauften uns im Supermarkt eine Schachtel Kekse und schliefen im Auto, das wir in einer Seitenstraße geparkt hatten.

In der Früh klopft jemand ans Fenster. Jorg kurbelt schlaftrunken seine Scheibe hinunter.

»No parking«, sagt der ausgeschlafene Zeitgenosse im bellenden Englisch, das hier gesprochen wird. Wir sollen abhauen.

Ich habe mich in meiner Daunenjacke vergraben und schaue wie ein Eskimo aus seinem Iglu, als Jorg den kleinen Peugeot startet, um nach einem neuen Parkplatz Ausschau zu halten. Ich bin müde und noch ganz verdattert darüber, dass das Lenkrad unseres Autos auf der falschen Seite ist.

Wir haben an diesem Morgen noch kein einziges Wort gewechselt. Als wir in eine Kurve biegen, die von einer typisch englischen Natursteinmauer begrenzt wird, beginnt der Peugeot schon auszubrechen. Jorg versucht, Gegenruder zu geben, aber schon kracht es, es haut mich nach vorn, und plötzlich habe ich den Rückspiegel im Mund.

Als es wieder still ist, frage ich: »Alles okay, Jorg?«

Aber Jorg stöhnt: »Deine Zähne, Fuzzy!«

Ich prüfe meine Zähne mit der Zunge. Da ist etwas anders als vorher. Es fehlt etwas. Ein zweiter Test, und es ist klar. Ich habe mir beim Aufprall am Rückspiegel die Schneidezähne ausgeschlagen. Plötzlich habe ich das Gefühl, den Mund voller Glasscherben zu haben. Unförmige Zacken, die ich immer wieder mit der Zunge untersuche.

Dann kommt der Krankenwagen. Im Spital wird untersucht, ob ich Glas geschluckt habe, aber ich habe nur die Kekse vom Vorabend im Bauch. Jorg kümmert sich in der Zwischenzeit um die Polizeiangelegenheiten und um ein neues Mietauto, denn das alte hat einen Totalschaden.

Am Nachmittag waren die Formalitäten erledigt. Wir konnten endlich klettern. Das Klettern war genial. Aber die Leute, die wir in den Klettergebieten trafen, gingen mir auf die Nerven: Jeder fragte, wo es mich hinuntergeschmissen hatte.

Zu Hause in Österreich fragten mich alle, ob ich auf Eishockey umgesattelt hätte.

Danke, sehr witzig.

Ich pendelte zwischen Zahnarzt und Kletterhalle. Der Zahnarzt machte seine Arbeit, ich machte meine. Ich gewann zuverlässig meine Wettbewerbe. Aber die Siege machten mich nicht zufrieden.

Ich trainierte mit älteren Kollegen, die in ihren Altersklassen das Klassement aufmischten.

Ich trainierte mit Jorg, der Weltcup kletterte.

Ich hatte das Gefühl, dass ich mich mit diesen Athleten messen sollte. Wenn ich gewann, bekam ich das Gefühl nicht aus dem Kopf, dass meine Siege nicht so viel wert waren, wie mir alle sagten. Ich war doch auf Augenhöhe mit den Allerbesten, nicht nur mit den besten Gleichaltrigen.

Sieben

Im Februar 2006 flog ich mit den Mammut-Kollegen nach Thailand. Wir wohnten in Bungalows am Strand. Nach dem Frühstück fuhren wir mit dem Boot hinaus zu den Kalkwänden, die aus dem Meer auftauchen wie die Köpfe überdimensionaler Wassermänner. Die Wände waren glatt und überhängend. Man musste vom Boot aus den Startgriff erwischen und dann losklettern, bis man oben war oder nicht mehr weiterkonnte. Ohne Seil. Wer ausrutscht, fällt ins Wasser. Der Fachausdruck für diese Form von Klettern heißt »Deep Water Soloing«.

Ums Haar hätte ich gleich am ersten Tag vorgezeigt, wie »Deep Water Soloing« nicht funktioniert. Das Boot, eine thailändische Dschunke mit Außenbordmotor und einem blauen Sonnenschutzverschlag, war ganz nah zur Klippe gedriftet, und ich stieg vom Dach des Verschlags ein. Der Bootsführer steuerte die Dschunke gerade wieder hinaus ins offene Wasser, als mir in einer Höhe von vielleicht drei, vier Metern ein Griff ausbrach und ich wie ein Pfeil nach unten schoss. Nicht mehr als ein paar Zentimeter neben der Reling des Bootes platschte ich ins Meer. Als ich auftauchte, hörte ich, wie Pascal Brönnimann, der neue Sponsoringmann von Mammut, im gemütlichsten Schweizerdeutsch sagte: »Das isch knapp gsi.«

Nicht knapp, Pascal, Maßarbeit. Ich wollte schließlich nicht schon wieder Überstunden beim Zahnarzt machen.

Gewaltige Kletterei an den überhängenden Klippen. Jeder von uns kletterte ein paar Routen, zum Teil sogar Erstbegehungen. Es war heiß. Jedes Ausrutschen bedeutete, endlich wieder ins Wasser eintauchen zu dürfen.

Dann fanden wir, wofür wir hierher geflogen waren.

Die Klippe, die unser Meisterstück werden sollte. Musste.

Sie war höher als die anderen Klippen, und jedes Kind mit Horrorfilmerfahrung hätte hier den krummen Schädel eines Monsters erkannt. Auf einem gedrungenen Hals saß ein zerklüfteter Überhang, der in eine völlig glatte Passage überging, an deren oberem Ende, in etwa 18 bis 20 Meter Höhe, die Schlüsselstelle der Route saß. Hier brauchte es einen unmöglichen Zug, einen Sprung nach oben, und wenn du den Griff am Ende der Tour nicht erwischst, fliegst du eine halbe Ewigkeit lang hinunter, ins Wasser, das nach diesem Fall hart ist wie ein Hubschrauberlandeplatz.

Cédric klettert bis nach oben. Versucht den Sprung. Fällt.

Nina fällt knapp vor dem Sprung.

Ich bin an der Reihe, und ich genieße die Tour bis zu der Schlüsselstelle. Der Zug hat fast zwei Meter… Ich setze die Füße hoch, auf zwei winzige Tritte, so dass ich in der Wand hocke wie ein Hase. Ich hole mit dem ganzen Körper Schwung.

»Jetzt«, denke ich, ziehe mit den Händen kräftig an und katapultiere mich mit den Füßen nach oben.

Aber ich berühre den Griff nicht einmal.

Ich stehe einen Augenblick in der Luft wie Duffy Duck, der beim Schlafwandeln über den First seines Hauses hinausgelaufen ist. Dann zieht es mich nach hinten, die Drehung des Sprungs hat mich aus der Balance gebracht, und meine Versuche, das Gleichgewicht wiederzuerlangen, um nicht allzu hart auf dem Wasser aufzuschlagen, bringen nichts. Gerade als ich beschließe, mich jetzt langsam vor dem Aufprall zu fürchten, ist er schon da.

Klatsch.

Und das Mitgefühl meiner Zuschauer: Uuuuuuh.

Ich tauche vielleicht fünf Meter tief ins Wasser ein, und als ich die weißen Luftblasen über mir aufsteigen sehe, fällt mir auf, dass ich gar nicht Luft geholt habe. Mein Brustkorb wird eng und ich rudere mit wachsender Panik nach oben und denke: »Jetzt können mich die anderen rausfischen …«

Ich bin am Limit. Aber ich schaffe es dann doch allein.

Über Wasser sortiere ich, was ich gerade spüre.

Weh. Es tut weh.

Der ganze Körper brennt. Ich brauche ein Kilo Sonne und ein bisschen Ruhe, um mich zu erholen.

Als ich wieder klar zu denken beginne, fällt mein Blick auf die Monsterklippe.

Nein, denke ich selbstbeschwörend, du machst mir keine Angst.

Den restlichen Tag verbringe ich an der Reling. Unser Bootsführer, cooler Typ, zeigt mir, wie man mit Haken, Faden und einem Schraubenschlüssel aus dem Werkzeugkasten fischt. Als Köder nimmt er die Muscheln, die knapp über dem Wasserspiegel an den Klippen kleben, klopft sie mit dem Schraubenschlüssel auf und hängt sie an den Haken. Es dauert keine fünf Minuten, bis ein Fisch angebissen hat. Schöne Exemplare. Leider müssen sie jetzt in die Kühlbox.

Ein paar Fische später lege ich mich wieder auf den blauen Verschlag und genieße die Hitze.

Als wir am nächsten Tag ins Boot steigen, sage ich: »Jetzt probieren wir es aber schon noch einmal, oder?« Das kommt nicht als Frage rüber, sondern als Kursanweisung an unseren Bootsführer.

Ich steige ein und klettere ruhig bis zur Schlüsselstelle. Als ich da bin, merke ich, dass ich bestimmt nicht noch einmal den Abflug von gestern machen will. Ich scanne die Wand und mir kommt eine Idee. Ich weiß, dass der Fels zwei Meter links von mir etwas mehr Struktur hat. Kleine Löcher und Leisten. Ich greife mit der rechten Hand über den Kopf, in ein Zweifingerloch, mache mit der linken einen weiten Zug nach links auf eine kleine Leiste, greife mit der Rechten in ein anderes Zweifingerloch, finde mit der linken einen Zwischengriff, um die Füße positionieren zu können, dann ein Schnapper nach oben, zum letzten Griff. Ich bin oben.

Wow.

Unten applaudieren die Kollegen. Mich hingegen erwischt gerade eine ernüchternde Einsicht: Ich muss da auch wieder runter.

Hinunterklettern geht nicht, man muss springen, 20 Meter, mindestens.

Ich bin doch kein Cliffdiver. Ich halte mich mit beiden Händen am Fels fest und überlege, was das für ein Gefühl ist, das mich da gerade durchströmt.

Ist das etwa Angst?

Unten rufen die anderen im Chor: »Un, deux, trois.«

Was bleibt mir übrig. Ich atme tief ein, mache die Augen zu und springe.

Acht

Wieder zu Hause in Innsbruck, dachte ich an nichts anderes als an den Weltcup.

Einmal mehr war ich zu jung.

Damals besagte die Regel, dass erst im Weltcup starten darf, wer das 16. Lebensjahr vollendet hat. Dass ich im August Geburtstag habe, stellte sich plötzlich als echter Nachteil heraus, denn im August war der 2006er Weltcup quasi vorbei. Reini intervenierte beim Vizepräsidenten des Internationalen Kletterverbands, Helmut Knabl, und der machte sich dafür stark, dass die Regel geändert wurde. Nicht der Geburtstag sollte in Zukunft über die Startberechtigung entscheiden, sondern das Geburtsjahr. Allein die Hoffnung, als 15jähriger in den Weltcup einsteigen zu dürfen und mich mit den besten der Besten messen zu können, setzte mich unter Strom.

Ich trainierte wie der Teufel. In Innsbruck war 2000 das Kletterzentrum Tivoli eröffnet worden, dort trainierten nicht nur Reinis Talente, sondern viele Weltcupkletterer, so dass ich mir ein ganz gutes Bild von deren Stärken und Schwächen machen konnte. Einige von ihnen kannte ich auch vom Klettern am Fels, und mit vielen war ich befreundet. Ich wusste über ihren Kletterstil Bescheid, und ich bildete mir ein, das, was sie konnten, auch zu können. Nicht nur ich war ungeduldig. Auch Reini und eine ganze Reihe interessierter Kletterfanatiker warteten auf den Ausgang der Sitzung des Internationalen Kletterverbands. Am Abend der Sitzung läutete bei uns zu Hause das Telefon.

Reini am Apparat: »Was machst am 28. April, David?«

»Das weiß ich doch heute noch nicht.«

»Doch. Du startest beim Weltcup in Puurs.«

»Puurs? Wo zum Teufel ist Puurs?«

»In Belgien. Du solltest in Geografie besser aufpassen. Das wirst du in Zukunft nötig haben.«

Also gut. Puurs ist eine Gemeinde in der Provinz Antwerpen. Wenige Kilometer nördlich mündet die Rupel in die Schelde. Sonst noch was, Reini?

Ja. Reini musste sich ebenso umstellen wie ich. Was als Spaßprojekt begonnen hatte, war plötzlich nicht mehr Spaß allein. Die besten der Welt. Und wir. Auch Reini musste begreifen, dass es jetzt galt, alle Kräfte zu mobilisieren. Dass er Trainer eines Athleten war, der sich immer darüber aufgeregt hatte, dass im Europacup die Routen viel zu leicht geschraubt waren, und der von Erfolg zu Erfolg spaziert war. Was waren diese Erfolge wert? Sollten wir erwarten, dass ich auch bei meinem ersten Weltcup gleich aufs Stockerl steige, oder musste er mich schonend darauf vorbereiten, dass zwischen meiner heilen Wunderkind-im-Europacup-Welt und dem Weltcup doch eine größere Kluft lag, als ich insgeheim hoffte?

Das Problem war: Reini wusste es selbst nicht. Ich

wusste es nicht. Niemand wusste es. Aber ich wusste, dass am 28. April in Puurs ein Junge am Start stehen würde, der lieber in die Wand beißt, als dass er vorzeitig aufgibt.

Wenig später lernte ich Peter Reinthaler kennen.

Peter war mir schon öfter aufgefallen. Er war ein netter Typ aus Imst, immer in Turnschuhen und mit einer sympathischen Anti-Frisur. Er tauchte oft in der Halle auf, weil er sich fürs Klettern interessierte, aber er interessierte sich auch dafür, die guten Kletterer mit guten Firmen zusammenzubringen, und das interessierte wiederum mich.

Ich hatte schon gehört, dass Peter den Fischhuber Kilian und die Eiter Angy, eine Kollegin aus Imst, mit Red Bull zusammengebracht hatte. Red Bull engagierte sich seit Jahren im Extremsport, und es kursierte damals die Nachricht, dass Red Bull eine neue Abteilung mit Sportlern und eigener Betreuung aufbauen wollte. Als Peter mich fragte, ob ich mit ihm nach Fuschl fahren würde, um Robert Trenkwalder kennenzulernen, einen ehemaligen Betreuer der österreichischen Skinationalmannschaft, der inzwischen für Red Bull arbeitete, sagte ich sofort zu.

Trenki gefiel, was ich gemacht hatte, und wir machten einen ersten Vertrag. Damit war ich ein »Red Bull Athlet«, Mitglied des neu gegründeten »Special Athletes Project«, dem einige Skifahrer, aber auch Sportkletterer angehörten.

So schnell war ich meinem Traum von einer Karriere als Profikletterer näher gekommen, und Peter war von jetzt an mein Manager. Wobei »Manager« den Typen überhaupt nicht richtig beschreibt. Er ist ein Freund, zwar schon uralt, fast fünfzig, aber durchaus jung geblieben, und ich merkte sehr schnell, dass er sich überhaupt nichts scheißt. Weder beim Radlfahren, worin er, zugegeben, ein echter Seniorenmeister ist, noch beim Einparken seines Autos. Sagen wir so: Peter findet immer und überall einen Parkplatz – die Frage ist nur, ob er später sein Auto noch am selben Platz vorfindet.

Kletterwettkämpfe finden in drei Disziplinen statt: Lead, Bouldern und Speed. Speed, die Herausforderung, eine Wand möglichst schnell hinaufzukommen, ist am schwächsten besetzt – und hat für mich mit dem Klettern, wie ich es mag, am wenigsten zu tun.

Beim Lead-Klettern nach den Regeln des ISFC, des internationalen Kletterverbands, müssen wir im Vorstieg, gesichert durch ein Seil, auf einer bis dahin unbekannten Route möglichst weit klettern, idealerweise bis zum letzten Griff. Die Routen werden extra für den Wettkampf geschraubt, oft von ehemaligen Weltcup-Kletterern. Der Wettkampf wird in Qualifikations-, Halbfinal- und Finalrunde ausgetragen. In der Qualifikation gibt es zwei unterschiedliche Routen, in den Finaldurchgängen nur noch eine. Es gewinnt, wer im Finale am weitesten kommt.

Die Qualifikation wird »flash« geklettert: die Routen werden vorgeklettert und man darf sich gegenseitig zuschauen, muss die Route aber im ersten Versuch klettern. Die Finaldurchgänge werden »on sight« geklettert. Alle Athleten dürfen die Route ein paar Minuten lang vom

Boden aus besichtigen. Während des Wettkampfs müssen sich alle, die noch nicht geklettert sind, in eine Isolationszone begeben, von der aus sie die Konkurrenten, die sich ihre Linie suchen, nicht sehen können. Damit wird vermieden, dass die Teilnehmer mit höheren Startnummern aus den Fehlern der Vorgänger lernen können. Für jeden Versuch gibt es ein Zeitlimit, das nicht überschritten werden darf. Ansonsten spielt die Zeit keine Rolle für die Platzierung.

Beim Bouldern müssen die Athleten auf einer viereinhalb Meter hohen Kletterwand Boulderprobleme klettern. Sie sind nicht angeseilt. Unter der Kletterwand liegt eine Matte, auf die man ohne Verletzungsgefahr fallen kann. In der Qualifikation sind fünf Boulderprobleme zu lösen. Je weniger Versuche, desto besser die Wertung. Die Athleten müssen von Anfang an in die Iso-Zone. Ein Boulder ist dann bewältigt, wenn er vom Startgriff bis zum Topgriff durchstiegen ist. In der Mitte des Boulder befindet sich ein Zonengriff. Wer den Zonengriff erreicht, bekommt zumindest die halbe Punktzahl. Es gibt Punkte dafür, ob Boulder zu Ende geklettert werden und wie viele Versuche man dafür braucht.

Meine Disziplin war schon immer das Lead-Klettern, oder, wie wir meistens sagen: der Vorstieg. Das hatte den einfachen Grund, dass Jugendwettbewerbe nur im Vorstieg ausgetragen werden. Boulder-Wettkämpfe gibt es nur in der allgemeinen Klasse.

Vorstieg und Boulder sind äußerst unterschiedliche Disziplinen. Wenn Vorstieg so etwas wie die Abfahrt beim

Skirennlauf ist, dann ist Boulder vielleicht Slalom, vielleicht aber auch Snowboard. Beide Bewerbe haben ihre Spezialisten, aber es gibt kaum Athleten, die in beiden Disziplinen Spitze sind.

Der Boulderraum von Puurs, in dem wir uns aufwärmen, präsentiert sich groß und niedrig, und die Iso-Zone ist gerammelt voll. Die Veranstalter haben ein beheiztes Zelt aufstellen müssen, damit alle Athleten Platz finden. Der Weg zur Kletterwand führt durch einen kleinen Raum, in dem Matten gestapelt liegen, vorbei an einer glatten Wand, auf der nicht geklettert wird, weil sie nicht weltcuptauglich ist. Rechts das Publikum, links die gelbe Wand, auf der ich meinen ersten Weltcup klettern werde.

Nicht irgendwann.

In fünfzehn Minuten.

Die Wand ist im unteren Drittel senkrecht, streckt dann einen zwei, drei Meter dicken Bauch hinaus, zieht leicht überhängend weg, geht in zwei kräftige Wellen über und mündete in eine gerade Ausstiegsplatte. Die Qualitour ist mit schwarzen Griffen geschraubt. Sie führt in die linke, obere Ecke der Wand.

Ich bin gut vorbereitet, und ich vibriere. Meine Finger sind permanent in Bewegung, als müsste ich noch ein bisschen Kraft in sie hineinpressen. Ich bin zugleich happy, hier zu sein, und ungeduldig. Ich will die Griffe in den Händen spüren. Ich denke, dass ich nicht nervös bin, aber mein Nervensystem ist alarmiert. Mein Mund ist trocken. Nichts entgeht mir. Es ist die Vorfreude, die Zuspitzung aller meiner Träume auf das, was ich gleich erleben werde. Mein Wettkampf. Reini ist da, und nie habe ich ihn euphorischer gesehen. Er freut sich mindestens so wie ich, auch wenn er nicht weiß, was er sich erwarten soll: Soll er mich so coachen, als ob ich einer der Favoriten wäre? Oder wäre bereits die Qualifikation fürs Halbfinale der Hammer?

Im Bewerb die großen Namen der vergangenen Weltcupsaison. Flavio Crespi, der Italiener. Der tschechische Routinier Tomás Mrázek. Der Schweizer Cédric Lachat. Die beiden Spanier Ramón Julian Puigblanque und Patxi Usobiaga. Der Franzose Sylvain Millet. Jeder von ihnen ist für einen Platz auf dem Podest gut oder wenigstens fürs Finale. Und ein Holländer namens Jorg Verhoeven. Der Weltklasse-Autofahrer. Jorg klatscht mich ab, als er mich in der Iso-Zone sieht, und sagt: »Hey, Fuzzy. Nicht zu viel Gas geben, verstanden?«

Ich widerstehe dem Impuls, mit Jorg das Blödeln zu beginnen, klatsche ihn ab und schüttle den Kopf: »Den Gefallen tu ich dir nicht. Heute wird Gas gegeben, bis der Tank leer ist.«

Drinnen eine Megastimmung. Die Leute sitzen am Boden und auf den Stiegen, die zum benachbarten Turnsaal führen. In einer Ecke ist ein Baugerüst aufgestellt, auf dessen Brettern noch mehr Zuschauer hocken. Direkt im Anschluss an die Halle, verbunden durch einen gemeinsamen Eingang, ein weiterer Turnsaal. Dort haben die Veranstalter eine große Leinwand aufgestellt und übertragen live, was in der Halle passiert.

Wenn ein Athlet aus der Iso-Zone kommt, ein kollektiver Schrei.

Hey, hey, hey.

Kein Zweifel, dass sich in diesem Moment der ganze Planet für nichts anderes interessiert als fürs Klettern.

Als Jorg zur Qualifikation aufgerufen wird, höre ich, dass der Schrei noch lauter ist als bei den anderen. Ich kann zuhören, wie er klettert, bis zum frenetischen Applaus am Schluss.

Der Mann ist in Form.

Dann komme ich, und ich kriege denselben *Roar* wie Jorg, aber ich tauche in meine tiefe Konzentration und sehe nur noch die Wand und die schwarze Tour. Ich denke in Zügen. Eins links, zwei rechts, drei links, und so weiter. Als ich den ersten Griff spüre und merke, dass er sich gar nicht anders anfühlt, sondern so, wie ich einen Griff kenne, wie ich einen Griff mag, dann greife ich schon den nächsten und den übernächsten, und ich blende den Krach aus, der sich in meinem Rücken entfesselt.

Allez, Fuzzy.

Fuzzy, allez!

Ich mache Zug um Zug, ruhig und präzise, und als die Lautstärke von unten wieder zu mir vordringt und ich am Seil hinunter zu den Zuschauern schwebe, bin ich im Halbfinale.

Das Halbfinale, noch besser. Die Tour ist grün, und ich klettere sie als Einziger zu Ende. Als ich oben bin und den Jubel der Zuschauer höre, wundere ich mich ein bisschen: Das war doch ein Spaziergang.

Eines ist klar, bevor das Finale überhaupt begonnen hat: Alles, was jetzt kommt, ist nur noch Draufgabe.

Ich weiß, ich kann Achter werden, und ich bin voll happy.

Ich weiß, ich kann gewinnen, und ich bin voll happy.

Reini hüpft durch die Halle, als hätte er einen Frosch verschluckt. Der Mann ist – voll happy ist gar kein Ausdruck.

Das Finale ist also bloß noch der letzte Kick für meine Premiere im Weltcup, für die Bestätigung dessen, was ich mich in vielen Stunden an der Kletterwand gefragt habe: Wie gut bin ich? Bin ich gut genug?

Ich klettere auch im Finale gut, wenn auch nicht so fehlerlos wie im Halbfinale. Am Ende gewinnt der Italiener Flavio Crespi, er klettert um einige Züge weiter als ich. Und wenn schon. Dies ist mein erster Weltcup, und ich stehe auf dem Podest, auf der Anzeigetafel ist es klar und deutlich zu lesen: 2. David Lama, Austria, und hinter mir auf Rang drei der starke Tscheche Tomás Mrázek.

Jorg, der Vierter geworden ist, kommt auf mich zu, er hat den Zeigefinger ausgestreckt und tut so, als würde er mir drohen. »Fuzzy, hab ich dir nicht verboten, Gas zu geben …«

Dann gratuliert er mir herzlich. Ich glaube, er freut sich mehr über meinen zweiten Platz, als er sich darüber ärgert, dass ich ihm das Podest streitig gemacht habe.

Reini kommt zu mir. Ein anderer Trainer hätte mich jetzt vielleicht in die Arme genommen und gedrückt. Aber Reini holt aus und haut mir eine auf den Rücken, dass ich fast vornüber kippe. Er muss nichts sagen. Seine Freude und seine ganze Liebe hat er in dieses Schulterklopfen gepackt.

Nach dem Wettkampf die Party. Fast nach jedem Wettkampf findet eine Feier statt, manchmal richtet sie der Veranstalter aus, manchmal tun sich ein paar Kletterer zusammen und lassen es krachen. Klettern und Feiern, das ist eine gute Mischung. Unser Sport ist nur ein anderes Wort für Lebensfreude, und Lebensfreude gibt auch den Rhythmus bei guten Partys vor – und in Puurs feierten wir eine sehr gute Party. Eine sehr, sehr gute Party.

Musik, Groove, Bier. Der Sponsor der Veranstaltung zeigte sich nicht kleinlich, und tausend Hände, die mir auf die Schulter klopften. War ich vor dem Wettkampf noch als kleiner Außerirdischer betrachtet worden, ein Wesen, dem die Fama eines Wunderkinds vorauseilt, so hatte ich das Versprechen, als das ich gegolten hatte, nun eingelöst. Damit war die Frage, ob dieser Fuzzy aus Götzens die Wettkampfszene aufmischen kann, endlich beantwortet.

Ja, kann er.

Aber kann er auch Bier trinken?

Ja, kann er auch.

Dann ist ja gut.

Es war vielleicht das schönste Fest meines Lebens. Es war wie eine Initiationsfeier. Ich wurde förmlich in den Kreis der besten Wettkampfkletterer der Welt aufgenommen, und es war ein guter Zeitpunkt dafür: Die Mischung aus Wettkampfenergie und Lebensfreude stimmte genau. Die meisten Athleten legten genauso viel Wert auf die Freude, die das Klettern machte, wie auf die Platzierungen, die sie erreichten. Klar, es gab einzelne, die sich aus den Partys nichts machten und selbst die genialste Party für eine Trainingseinheit sausen ließen. Ihr Talent, meinten sie, bestünde eben darin, ohne Ende zu trainieren.

Auf den Weltcupstationen trafen sich spezielle Menschen, die sich freuten, andere spezielle Menschen zu treffen. Manche waren viel am Fels unterwegs, zum Beispiel der großartige Tscheche Tomás Mrázek. Ich hörte ihn ein bisschen klagen, wie schwierig es sei, das Klettern am Fels und eine super Performance in der Halle unter einen Hut zu bringen. Aber dieses Problem beschäftigte mich an diesem Abend nun gar nicht. Als wir in Puurs zur Musik von Aphex Twin darüber redeten, wusste ich noch nicht genau, was Tomás meinte. Obwohl ich gern am Fels klettern ging, galt mein ganzes Interesse gerade den bunten Griffen in der Vertikale der Kletterhalle.

Ich wollte gut sein. Ich wollte so gut sein wie die Älteren, mit denen ich trainierte, und wie die Talentierten, die aus aller Welt in unsere Hallen kamen. Ich wollte wissen, wie gut ich sein kann, wenn ich mein Bestes gebe. Und ich begann der Idee zu vertrauen, die in meinem Kopf herumspukte: ich wollte das Klettern zu meinem Beruf machen.

Ich wollte klettern, um davon leben zu können, um klettern zu können.

Als wir von Puurs nach Hause flogen, sahen die Berge aus der Luft großartig aus. Jorg saß neben mir in der Maschine, und ich sah ihm an der Nasenspitze an, dass er dachte, was ich dachte: Wir sollten den Tag nicht einfach so vorbeigehen lassen.

Reini hatte gerade erst am Hechenberg eine super Erstbegehung gemacht.

»Reini«, fragte ich, »wie lang brauchen wir für deine Route am Hechenberg?«

»Vergiss es«, antwortete Reini. »Macht es morgen. Dann habt ihr's gemütlich.«

Aber natürlich machten wir es doch. Der Hechenberg ist gleich neben dem Innsbrucker Flughafen, Richtung Zirl, nach anderthalb Stunden Fußmarsch waren wir am Einstieg. 400 Meter Route, Reini hatte auf der ganzen Länge nur Normalhaken stecken lassen, außer an den Ständen, wo wir uns an Bohrhaken sichern konnten. Nette Route, die zwischendurch ziemlich schwierig wurde.

»Kann was, der Reini«, schrie Jorg, während er mich nachsicherte.

Stimmt. Die Route war Schwierigkeitsgrad 9+, mindestens, und wir hatten zwei Tage Vollgas-Wettkampfklettern in den Knochen, nicht zu vergessen die Party von gestern. Reini hatte uns gesagt, die Tour habe zehn Seillängen, aber es waren dreizehn, und jede einzelne von ihnen hatte es in sich.

Als wir zum Ausstieg der Route kamen, dunkelte der Aprilhimmel schon ein. Es war etwa acht Uhr. Demnächst würde es dunkel sein.

Aber da waren noch ein paar Details zu erledigen.

»Jorg, weißt du, wie man hier wieder runterkommt?«

»Rückweg? Ich bin froh, dass wir die Route gefunden haben.«

Also begannen wir im Dämmerlicht nach Hinweisen zu suchen, wo vielleicht ein Weg Richtung Tal beginnen könnte. Zum Glück lag noch Schnee, denn irgendwann fand Jorg Fußspuren, von einem Jäger vielleicht oder von einem anderen Waldbewohner. Mangels Alternativen folgten wir den Spuren, und sie führten zu einem kleinen Steig, der vage mit der Beschreibung übereinstimmte, die Reini uns vom Abstieg geliefert hatte – falls ich mich richtig erinnerte.

Wir schalteten die Stirnlampen ein und gingen los. Wir wussten nicht, ob wir richtig waren, und langsam meldete sich auch der Magen und verlangte nach Abendessen – wie üblich hatten wir nichts zu essen dabei. Wir gingen, schnell und schweigend. Bald war es völlig dunkel.

Nachdem wir vielleicht eine Stunde marschiert waren, packte mich Jorg am Arm.

»Schau mal, Fuzzy«, sagte er. »Was ist das?«

Jetzt sah ich es auch. Im stockdunklen Wald vor uns blitzte ein Licht auf, verschwand, kehrte wieder.

»Keine Ahnung«, antwortete ich.

Das Licht kam näher. Schon konnten wir die Lichtquelle vom Lichtkegel unterscheiden, es war also ein Mensch mit einer Stirnlampe, und ein Mensch, der um diese Zeit mit einer Stirnlampe durch den stockdunklen Wald wanderte, musste jemand sein, den wir kannten …

»Reini?«

»Ah, da seid ihr.«

»Was machst du hier?«

»Weiß nicht. Hatte gerade nichts zu tun und dachte, ich mach noch einen kleinen Spaziergang …«

Aber natürlich hatte er sich Sorgen um uns gemacht.

Drei Wochen nach Puurs stand in Dresden der nächste Weltcup auf dem Programm. Als ich in die Qualifikation ging, merkte ich, dass die ungewissen Erwartungen verschwunden waren, die in Puurs noch einen unsichtbaren, aber recht spürbaren Rucksack dargestellt hatten, der die Wand hinaufgeschleppt werden musste. Dafür hatte ich jetzt einen anderen Rucksack.

Ins Finale zu kommen.

Oder sogar zu gewinnen.

Aber diesen Rucksack kannte ich, den hatte ich schon in so vielen Jugendwettbewerben getragen. Er passte mir besser, und ich kletterte so konzentriert und entspannt, wie ich nur konnte. Am Ende hatte ich meinen ersten Weltcup gewonnen und konnte mich nicht nur über die eigene Leistung freuen, sondern auch darüber, dass mein Freund Jorg neben mir stand: Er war Dritter geworden, hinter Sylvain Millet.

Neun

Einen Monat später trat ich in Hall in Tirol zum nächsten Weltcup an. Unterschied zu den beiden bisherigen: diesmal war es ein Boulder-Weltcup.

Ich wusste, dass es eine unübliche Entscheidung war, vom Lead zum Bouldern zu wechseln, vom konditionsraubenden Powerklettern zur eher kreativen Spielform des Kletterns. Aber es passte mir gerade in den Kram, und ich hatte Lust, vor heimischem Publikum zu zeigen, was ich draufhatte.

Um im Lead erfolgreich zu sein, brauchst du körperliche Fitness und mentale Stärke. Du musst dich im Training richtig quälen und kannst einen Trainingsrückstand nicht einfach überspielen. Auch Bouldern ist ein ernsthafter Wettkampf, aber hier kannst du mit einem genialen Einfall deine Schwächen wettmachen. Bouldern ist im Training lockerer als Lead, und ich finde, dass noch mehr von dem Lifestyle, den ich am Klettern so sehr schätze, dabei rüberkommt. Trotzdem fordert mich der Lead-Wettkampf mehr heraus.

Wenn schon, denn schon.

Beim Lead-Klettern geht es vor allem um die Kraftausdauer. Reini erfand fürs Training den Begriff des A2, das war die Abkürzung dafür, dass eine Tour zweimal hintereinander geklettert werden muss. Du kletterst rauf, wirst abgelassen, bindest dich gleich wieder ein und gehst die Tour sofort von Neuem.

Bringt etwas, ist aber ziemlich fad.

Und was fad ist, ist zäh.

Bouldern ist eine tolle Spielerei. Man geht in die Halle und probiert ein paar neue Sachen aus, das dauert nicht so wahnsinnig lang und macht eigentlich immer Spaß. Aber auch Bouldern verlangt eine gewisse Konsequenz und Disziplin im Training.

In der Qualifikation müssen fünf Boulderprobleme gelöst werden, für die du jeweils fünf Minuten Zeit hast. Im Halbfinale sind es vier Boulder, die in jeweils sechs Minuten erledigt werden müssen. Im Finale hast du vier Minuten Zeit für jeden der vier Boulder. Die Probleme sind sehr abwechslungsreich geschraubt, so dass Spezialisten kaum eine Chance haben: Man muss alles beherrschen. Eines aber ist klar: Beim Bouldern kommen die talentierteren Kletterer zum Zug, nicht die, die am fleißigsten trainieren.

Der Wettkampf fand in einem ehemaligen Salzlager statt, in einer hohen, langgezogenen Halle, deren Dach von riesigen Säulen getragen wurde. Auf der rechten Seite waren Stände aufgebaut, an denen man Essen und Getränke kaufen konnte, auf der linken Seite standen die Boulderwände. Überall Zuschauer, vor den Säulen, hinter den Säulen. Es war der erste Weltcup, der in Hall ausgetragen wurde, Premiere also für uns alle.

Favorit für den Wettkampf war ein Freund von mir,

Kilian Fischhuber, der so wie ich von Red Bull gesponsert wurde. Kilian, ein Niederösterreicher aus Waidhofen an der Ybbs, war regierender Weltcupgesamtsieger, ein Boulderer, der super Einfälle hat und sehr beständig ist. Gemütlicher Kerl. Er kann nicht nur klettern, sondern auch feiern.

Die anderen Kollegen am Start kannte ich kaum. Da hatten wir etwas gemeinsam: denn mich kannte einmal mehr auch keiner. Ich war schon im Lead, meiner Spezialdisziplin, ein unbeschriebenes Blatt gewesen. Aber was ich beim Bouldern zusammenbringen würde? Ich wusste es nicht. Wie sollte es irgendwer sonst wissen.

Die Qualifikation beginnt, und ich starte mäßig. Ich kriege den ersten Boulder in ein paar Versuchen hin. Beim zweiten ärgert es mich ganz oben, sonst wäre ich als einer der wenigen durchgestiegen. Den dritten steige ich durch, den vierten schaffe ich nicht. Also ist klar, dass ich den fünften durchsteigen muss, sonst kann ich mir das Halbfinale aufzeichnen.

Ganz am Anfang ist ein Sprung aus einer überhängenden Wand an die Kante zu erledigen. Ich probiere den Sprung ein paar Mal und bin mir sicher, dass ich ihn schaffen kann – auch wenn ich nicht sicher bin, dass es in der verbleibenden Zeit klappt. Es ist ein komischer Sprung, eine Bewegung, die mir nicht gelingen will – und ich erwische den Scheißgriff nicht.

Ich springe, ich fliege auf die Matte.

Ich springe, ich fliege auf die Matte.

Ich springe fünfmal, ich fliege fünfmal auf die Matte.

Beim Bouldern ist es egal, wie lang du für das Problem brauchst – Hauptsache, du schaffst es in der vorgegebenen Zeit. Erst wenn die letzte Minute angesagt wird, weißt du, dass du wirklich Gas geben musst.

Ich bin zehnmal gesprungen und geflogen, und langsam werde ich zornig. Der Boulder, den ich zu bewältigen habe, ist lang, er startet mit dem Scheißsprung, dann quert er nach rechts in eine Platte, eine nicht ganz senkrechte Wand, von dort nach oben. Ich springe noch einmal.

Und falle.

Noch einmal.

Ich falle wieder.

Herrgott. Knacke ich jetzt den Sprung oder knackt er mich?

Als der Schiedsrichter die letzte Minute ansagt, bin ich fünfzehn Mal gesprungen und gefallen. Normalerweise kriegst du die Probleme schneller in den Griff.

Schön langsam nehme ich die Sache persönlich. Ich falle noch zweimal, aber im achtzehnten Versuch habe ich den blöden Griff endlich in der Hand, und während das Publikum, das mich längst abgeschrieben hatte, wieder aufwacht und statt bedauerndem Raunen nach jedem Sturz das »Allez, Fuzzy« anstimmt, das ich echt gern höre, klettere ich den Boulder rasant zu Ende und erwische den Topgriff drei Sekunden, bevor die Zeit zu Ende ist.

Als Achtzehnter des Qualifikationsdurchgangs rutsche ich ins Halbfinale. Ums Arschlecken, wie wir in Tirol sagen.

Dem Publikum taugt es natürlich, dass ich wie ein Löwe darum gekämpft habe, weiterzukommen, die machen einen super Krach. Der Peter steht da und strahlt. Das ist das Angenehme bei diesem Menschen: Er muss gar nicht erst etwas sagen, und du weißt ganz genau, woran du bist. Außerdem hätte man bei dem Wirbel in der Halle eh nichts verstanden.

Ich bin auch – froh wäre das falsche Wort. Ich kann in entscheidenden Momenten sehr stur werden, dann kommt es mir vor, als ob ich Probleme zerreiße. Diesen blöden Sprung zum Beispiel, den habe ich zerrissen. In der Quali auszuscheiden, das wäre nicht infrage gekommen, das interessiert mich nicht. Und wie man sieht, hat mein Sturschädel recht behalten.

Die meisten Kletterer sind Sturschädel. Sie müssen es sein. Es gibt so viele Situationen – in der Halle, aber auch am Fels –, wo deine Unterarme nicht mehr wollen, wo sie übersäuert, »gepumpt«, sind und kein Zug mehr möglich ist. Aber du willst trotzdem weiter. Willst rauf. Um jeden Preis. Manche von uns beginnen dann zu schreien. Der amerikanische Kletterhero Chris Sharma schreit zum Beispiel dauernd, das sieht man auf den Videos, um sich noch einen Zug weiter zu pushen. Beim Wettkampf geht der eigene Schrei, das animalische Knurren, oft im Jubel des Publikums unter. Aber du selbst hast dich schreien gehört. Du hast gehört, wie es in dir schrie. Manchmal aber hörst du nicht einmal das. Erst am Boden fragen dich deine Kollegen, warum du geschrien hast wie eine Sau, die man gerade absticht.

Im Halbfinale lief es genial. Kilian und ich trieben uns gegenseitig ins Finale. Kilian war stark. Er löste die vorgegebenen Probleme auf enorm vielseitige, fantasievolle Weise. In seiner Vielseitigkeit unterscheidet er sich von den meisten anderen Boulderern. Als Sportstudent, Radfahrer und Skifahrer bringt er eine ausgezeichnete Motorik mit, die ihm in der Boulderwand, vor allem bei technisch schwierigen Problemen, hilft. Je besser Kilian kletterte, desto größer war meine Motivation. Souverän kamen wir beide ins Finale.

Ich hatte im Finale Unterstützung. Das Publikum begleitete jeden Zug, den ich machte, mit Applaus und Begeisterung. Kilian kriegte natürlich auch Unterstützung, aber als Newcomer, der in der Qualifikation siebzehn Mal auf die Matte geknallt war, hatte ich einen Bonus. Die Boulder lagen mir gut. Alles passte.

Ich gewann den Weltcup, Kili wurde Dritter. Ich war happy. 2000 Menschen feierten, ich feierte mit ihnen. Es war ein echtes Glücksgefühl, das Gefühl, etwas geschenkt zu bekommen nach dem zähen Beginn.

Ein Woche später wurde ich in Jekaterinburg Europameister. Meine erste Saison bei den Großen ließ sich wirklich gut an.

Europameister hörte sich gut an.

Jüngster Weltcupsieger der Geschichte hörte sich gut an.

Aber das war es auch schon, ich bin kein Statistiker. Ich holte einfach, egal wie alt ich gerade war, das Maximum aus mir heraus, und ich hatte nie das Gefühl, Reserven gegenüber meinen Konkurrenten zu haben, bloß weil ich jünger war als sie. Andere sahen das natürlich anders, und wenn in den Klettermedien die Artikel über mich erschienen, sparten die Verfasser nicht mit Superlativen. Aber an mir selbst gingen diese Superlative fast spurlos vorbei. Sie erreichten mich nicht. Vor allem setzten sie mich nicht unter Druck. Okay, eine Zeit lang war es jetzt so gewesen, dass ich als junger Kletterer einen Siegeszug bis in die höchste Leistungsklasse angetreten hatte, aber dadurch fühlte ich mich nicht verpflichtet, ständig neue Sensationen in der Wand zu liefern. Ich wollte mir meine Herausforderungen selbst aussuchen und von niemandem diktieren lassen, schon gar nicht von einer vermeintlichen Medienwirksamkeit.

Ich wollte vom Klettern leben können, und ich hatte begriffen, dass sich die Medien dafür interessieren würden. Es war meine Standardantwort, wenn ich dieser Tage gefragt wurde, was ich denn einmal für einen Beruf haben wolle: »Kletterer«.

Und wenn es mit dem Klettern nicht funktioniert?

»Funktioniert eh schon längst.«

Zehn

Als ich nach den ersten drei Bewerben im Gesamtweltcup führte, traf ich Trenki wieder. Der Chef des Red-Bull-Athletenprogramms war ausgesprochen happy. Er dachte natürlich, dass ich nichts anderes im Kopf haben würde als den nächsten und den übernächsten Weltcup, aber so war das nicht. Ich hatte nämlich geplant, im Sommer keine Weltcups zu klettern und stattdessen nach Yosemite zu fahren. So war das mit Daniel und meinen Eltern ausgemacht, und ich hatte keine Lust, mich von diesem Plan abbringen zu lassen.

Yosemite hatten wir um meinen 15. Geburtstag herum beschlossen. Ich hatte einen Schlüsselanhänger geschenkt bekommen, der aussah wie ein Klemmkeil, ein Instrument, das man als Sicherung in Risse legen kann. Super Spielzeug. Als ich mit Daniel in den Klettergarten nach Niederthai ins Ötztal fuhr, eines meines liebsten Klettergebiete, blödelte Daniel in der Mitte einer Route herum: »Probieren wir doch einmal aus, was der Schlüsselanhänger aushält.«

Er steckte den Miniatur-Klemmkeil in einen Riss, hängte das Seil ein und begann zu testen. Halbes Gewicht, ganzes Gewicht, ganzes Gewicht mit ein bisschen Wippen und Zerren, und am Schluss rief ich zu Daniel hinauf: »Traust dich?«

Also sprang Daniel mit vollem Gewicht ins Seil, aber dem Schlüsselanhänger war das wurscht. Er hielt.

Daraufhin gingen wir am nächsten Tag sofort in den Laden, der die Schlüsselanhänger verkaufte und besorgten uns jeder 15 Stück. So billig habe ich nie mehr gutes Kletter-Equipment eingekauft. Wir gingen dann an die Martinswand bei Zirl, in der Nähe von Innsbruck, und kletterten dort eine Route, bei der wir irgendwann nur mehr mit den billigen Keilen unterwegs waren. Nur an den schwierigsten Stellen hängten wir zur Sicherheit doch noch einen Bohrhaken ein. Wir waren von Beginn an seriöse Alpinisten.

Als Daniel plötzlich von den »Big Walls« Amerikas zu sprechen begann, weil uns die alpinen Mehrseillängen mehr und mehr Spaß machten, glänzten seine Augen, als hätte er eine Glückstablette geschluckt. Ich hatte selbst Bücher über die Wände des Yosemite-Nationalparks in Kalifornien zu Hause, und wenn es regnete, kugelte ich auf dem Teppich herum und ging Seite für Seite der schönen Bildbände durch. Auf den Fotos identifizierte ich mögliche Routen, Risse oder Spalten, auf denen man die gewaltigen Wände des Yosemite Valley durchsteigen könnte. Wie andere Buben Fußballbilder sammelten und in ihre Alben einklebten, dachten Daniel und ich uns Projekte aus. Den El Capitan nahmen wir uns vor, und den Lost Arrow Spire.

Zu Weihnachten brachte das Christkind meinen Eltern Flugtickets nach San Francisco. Auch für mich und Daniel war eins dabei. Von San Francisco sind es nur mehr fünf Stunden mit dem Auto ins Yosemite Valley.

Ich hatte vor, drei Weltcups wegen Yosemite ausfallen zu lassen, aber Trenki wollte, dass ich die Weltcups mache und Yosemite schmeiße. Die Regeln im Weltcup sahen in diesem Jahr nämlich vor, dass jeder Athlet die zwei schlechtesten Resultate streichen durfte: Diese Punkte wurden nicht in die Wertung genommen. Als Trenki merkte, dass ich auf Yosemite sicher nicht verzichten würde, handelte er mir als alter Fuchs, der die Weltcupgesamtwertung im Auge hat, wenigstens einen der drei Weltcups ab, die ich wegen Kalifornien versäumt hätte. Ich stimmte zu, Anfang August von Yosemite nach Singapur zu reisen und dort an den Start zu gehen.

Yosemite war großartig.

Es war heiß, es roch nach Fichtennadeln, und die Felsen waren von einer so enormen Schönheit, dass ich die ersten zwei Tage den Mund überhaupt nicht zubrachte. Zum Beispiel begriff ich, warum »Big Walls« »Big Walls« heißen: weil sie so groß sind, dass du dir unten »very small« vorkommst.

Daniel und ich kletterten und kletterten. Wir probierten alle möglichen Techniken aus. Wir lernten, Risse zu klettern, und begriffen schnell, dass man sich dabei besser die Hände taped. Rissklettern erfordert eine spezielle Technik. Man fährt mit den Händen ständig in die Risse hinein, und wenn man 500 Meter geklettert ist, hat man ohne Tape Handrücken, die so blutig sind wie ein rohes Steak.

Die Hitze ist im Yosemite kein Freund. Sie verwandelt alle Wände, die in der prallen Sonne liegen, in Hitzeschilder. Genauso gut könnte man versuchen, auf eingeschalteten Herdplatten zu klettern. Kein ernsthafter Kletterer geht im Sommer nach Yosemite, aber für uns war's die einzige Chance: Wir hatten Sommerferien. Jetzt. Wenn es in Kalifornien gut zum Klettern ging, im späten Herbst, mussten wir im Geografieunterricht gut aufpassen, um zu lernen, wo Kalifornien liegt.

Wir konnten fast nur Wände klettern, die im Schatten lagen, und stiegen mit der Entschlossenheit der Yosemite-Debütanten in Nord-, Ost- und Westwände ein. Wir kletterten und kletterten, es war genial. Wir hatten uns keine besonderen Heldentaten vorgenommen, probierten aber auf der Route »West Face« am Leaning Tower, einige Seillängen frei zu klettern. Die ersten beiden gehen beim besten Willen nicht frei, den Rest kletterten wir ohne Probleme. Wir kletterten »Alien« auf dem Rostrum on sight, das war ein Spaß. Genial.

Abends lernte ich noch etwas für den Biologieunterricht: Eichhörnchen haben Zähne. Wir hatten mit einer Kartonschachtel ein Squirrel gefangen, das ging total einfach, und jetzt wollte ich das Tier aus der Schachtel herausholen. Ich hatte mir extra den Big-Wall-Handschuh angezogen, ein Stück unserer Spezialausrüstung, den man braucht, um sich beim Nachhaulen des Materials auf den langen Routen keine Blasen zu holen. Der Big-Wall-Handschuh hat offene Fingerkuppen, damit man die Karabiner gut bedienen kann, und jetzt lernte auch das Eichhörnchen etwas: Am besten beißt man den Deppen, der einen gefangen hat, in die Fingerkuppe, wenn er in die Schachtel greift.

Ich erschrak dermaßen über den entschlossenen Biss des Eichhörnchens, dass ich die Hand wie eine Schleuder zurückzog, und darüber erschrak das Eichhörnchen. Es ließ den Finger los und segelte wie ein Ufo davon. Ich sah noch, wie es nach einer harten Landung in den Wald abhaute. Interessanter Tierversuch: Schon wieder etwas für den Biologie-Unterricht mitgenommen: Manche Eichhörnchen können also fliegen.

In diesem Sommer reiste ich buchstäblich um die Welt. Zuerst waren wir von München nach Madrid, von Madrid nach Chicago, von Chicago nach San Francisco geflogen, von dort in den Yosemite-Nationalpark. Dann musste ich für den nächsten Weltcup nach Singapur, also zurück nach San Francisco, von dort über Tokio nach Hongkong, von dort nach Singapur. Ich verpasste die Qualifikation fürs Finale knapp und wurde nur Neunter.

Ich tröstete mich, indem ich mit Cédric Lachat im Hotel herumhing. Cédric hatte am Swimmingpool den Kescher abgezweigt, mit dem der Hausmeister den Schmutz aus dem Pool fischen musste und brachte ihn mir ins Zimmer im zweiten Stock. Von dort seilten wir uns am Feuerwehrschlauch in den Innenhof des Hotels ab, wo in der Mitte ein Teich angelegt war, in dem sich große, fette Zierkarpfen tummelten. Wir wollten fischen. Wir dachten, dass die schönen Karpfen im Swimmingpool viel besser zur Geltung kämen.

In der Halle lernte ich Patrick Andrey kennen, einen Schweizer, der in Kuala Lumpur eine Kletterhalle betreibt.

Er erzählte mir von den unglaublich schönen und unberührten Wänden an der Grenze zu Thailand. Hochinteressant. Ich beschloss, die Info bei nächster Gelegenheit an meine Freunde von Mammut weiterzugeben, die sich gerade nach einem Ziel für den nächsten Teamtrip umsahen.

Am nächsten Tag ging mein Flieger zurück nach Amerika. Es war mein Geburtstag, der 16., endlich. Ein Doppelwhopper-Geburtstag: Als ich auf meinem Rückflug nach San Francisco die Datumsgrenze überquerte, begann der vierte August ein zweites Mal.

Daniel und ich kletterten im Yosemite noch ein paar schöne Routen, und ich hätte guten Grund gehabt, ein bisschen mehr über meine Wettkämpfe nachzudenken, denn es sah im Weltcup trotz zweier versäumter Wettbewerbe nicht schlecht für die Gesamtwertung aus. Hätte ich auf Yosemite verzichtet, wäre vielleicht schon früh in der Saison alles klar gewesen – aber mich durchströmte eben ein Gefühl, das stärker war als der pure, sportliche Ehrgeiz. Es war das Gefühl, an den Fels zu gehören, die erstaunlichen Launen der Natur Haut an Haut nachvollziehen zu wollen. Das Gefühl der Sprachlosigkeit, die dich beim Anblick wirklich großer Wände überkommt. Der Wunsch, dieser Sprachlosigkeit etwas entgegenzusetzen: Klettern. Reibung. Vereinigung mit dem Fels.

Ich war gerade sechzehn, es war meine erste Weltcupsaison, aber ich spürte, dass ich für mein Leben als Kletterer beide Pole brauchte: den Sport in der Halle und das

Erlebnis am Fels. Klettern in der Halle ohne Ausgleich am Fels schien mir plötzlich künstlich zu sein. Aber Klettern in der Halle war das, was meine ganze Konzentration beanspruchte, denn auch wenn mein Einstieg in die Wettkämpfe glänzend gewesen war, so würde mir jeder Tag, den ich mit klopfendem Herzen im Yosemite verbracht hatte, beim nächsten Wettkampf fehlen.

Klar, ein Wettkampf fordert das Talent. Aber kein Talent kommt ohne harte Arbeit zur Geltung. Ich musste also Entscheidungen treffen. Volle Konzentration auf den Sport – oder volle Konzentration auf das, was ich als geniales Klettern verstand.

Eine Woche, nachdem ich aus Kalifornien heimgekommen war, fanden in Imst die Jugendweltmeisterschaften statt. Ich wurde Dritter. Das war kein Hammerresultat. Immerhin hatte ich diesen Titel in den beiden Jahren zuvor souverän gewonnen.

In Imst merkte ich zum ersten Mal, wie sehr sich das alpine Klettern auf den Sport auswirkt. Schon in der Qualifikation musste ich mich ernsthaft anstrengen, und den dritten Platz schaffte ich nur dank einer gewaltigen Kraftanstrengung im letzten Durchgang, und selbst das war voll am Limit. Ich begriff, dass ich trainieren musste wie der Teufel, um in der zweiten Hälfte der Saison nicht völlig abzustinken.

Im Monat darauf trainierte ich so viel wie noch nie in meinem Leben. Beim traditionellen »Rockmaster« in Arco wurde ich vor Tausenden Zuschauern Fünfter, bei den Weltcups in Marbella und Shanghai Sechster, die beiden letzten Wettkämpfe in Penne, Italien und Kranj, Slowenien gewann ich wieder. In der Gesamtwertung wurde ich hinter Patxi Usobiaga Zweiter.

Geht doch.

Elf

Im Februar 2007 flogen wir zum Mammut-Teamtrip nach Malaysia.

Ich hatte Pascal Brönnimann von Mammut den Kontakt zu Patrick Andrey in Kuala Lumpur vermittelt, und Pascal hatte sich mit Patrick kurzgeschlossen. Es war typisch für Pascal, dass er sich sofort dahinterklemmte. Er ist ein feiner, offenherziger Mann, der es, wie die meisten Schweizer, gern gemütlich nimmt. Ein Ziel in Asien, das auch die Nähe zum Meer versprach, kam ihm gerade recht.

Über Patrick war Pascal beim Kronprinzen von Perlis gelandet, der sich für den Klettersport interessierte. Der Prinz sprach sofort eine Einladung an das gesamte Mammut-Team aus. Er hatte eine Riesenfreude an der Idee, dass super Kletterer in den unglaublichen Felslandschaften an der Grenze zu Thailand Klettergebiete einrichten würden. Die Landschaften gehörten ihm. Die super Kletterer waren wir: Cédric Lachat, Christina Schmid, Katharina Saurwein, Anna Stöhr, Juliane Wurm und ich.

Diesmal war auch Reini mit von der Partie. Er und ich reisten schon ein paar Tage früher an, um neue Routen einzurichten. Ich glaube, der Reini hätte es als bester Freund der Bohrmaschine nicht ausgehalten, wenn ich in einem spektakulären Klettergebiet das mache, was er am liebsten tat: Bohrhaken setzen, Linien auschecken, Griffe putzen. Felsen in Kletterlandschaften verwandeln.

Wir hingen in unseren Gurten an den Bögen der Höhlen, in die wir neue Linien einrichteten, die Bohrmaschine um die Schulter gehängt, und wenn wir abends aufhörten zu arbeiten, hatten wir jede Menge Blutergüsse und Schürfwunden. Aber es zahlte sich aus. Wir bohrten Routen in den Fels, die so schön und elegant waren, dass mir das Herz höher schlug.

Eine meiner Routen hieß »Bellybuttonwindow«. Sie ist seither unendlich oft fotografiert worden. Sie führt die Krümmung einer Grotte bis nach oben, wo in der Mitte ein riesiger Felszapfen von der Decke hängt, den man überklettern muss. Genial. Wunderschön – und als Fotomotiv, von innen nach draußen fotografiert, unübertroffen.

Die malaysischen Felsen sind aus Kalk. Sie sind leicht zu erreichen. In den riesigen Wänden befinden sich Höhlen, die miteinander verbunden sind, regelrechte Höhlensysteme. Man gelangte von einer Höhle in die andere, man konnte aus Höhlen heraus neue Routen klettern, in einer Höhle konnte man aber auch durch den ganzen Berg auf seine andere Seite gehen.

Das Klettern, perfekt. Aber wir hatten auch Pflichten. Zum Beispiel mussten wir beim Kronprinzen antreten, der einen Narren an uns gefressen hatte, und weil das ein förmlicher Empfang war, bekamen wir traditionelle malaysische Kleider, um sie bei der Zeremonie zu tragen.

Am lustigsten sah der Reini aus. Er hatte einen blassgrünen Seidensarong an und auf dem Kopf einen schwarzen Fes. Dazu war er wie immer dramatisch unrasiert, so dass er aussah wie einer von Ali Babas vierzig Räubern. Die Mädels hatten Glück, für sie waren keine Kopfbedeckungen vorgesehen, sie mussten nur luftige Seidenschals um den Hals tragen, die ihnen vielleicht sogar gefielen. Ich hatte ein helles, gelbes Seidengewand an, das bis zum Boden hinunterfiel und einen martialischen gefalteten Hut auf dem Kopf, ich sah aus wie aus einer Puppenspiel-Produktion. Außerdem hatte ich schlechte Laune, denn ich wäre, statt im Palast als Dekoration herumzustehen, lieber geklettert. Aber der Kronprinz wollte uns eine Freude machen, also machten wir gute Miene zum bösen Spiel.

Soldaten standen stramm, als wir kamen. Ein Schlangenbeschwörer tanzte mit einer Kobra um die Wette. Berge von Essen wurden aufgetragen. Der Kronprinz erzählte uns, wie froh er sei, dass wir Malaysia auf die Weltkarte des Kletterns blablabla.

Als wir wieder klettern durften, legten wir uns doppelt ins Zeug.

Wir kamen aus Malaysia zurück, ich ging ein paar Tage in die Schule, dann hieß es schon wieder Abflug nach Birmingham. In Birmingham fanden die Boulder-Europameisterschaften statt, und obwohl ich mir für 2007 eine Lead-Saison vorgenommen hatte, passte uns der Wettkampf ganz gut in den Kram.

Um Vorstieg, also Lead, zu trainieren, musst du auch

bouldern. Bouldern ist das beste Maximalkrafttraining und bringt am meisten Abwechslung in den sonst etwas monotonen Trainingsalltag. Reini hatte gefunden: »Warum machst du nicht die EM in Birmingham? Passt doch gut zusammen. Wenn du was gewinnst, ist's eine Sensation, und wenn du nix gewinnst, war's eine Abwechslung im Training.«

Okay, ich fuhr also nach England. Am Tag vor dem Wettkampf gingen wir noch am Fels klettern. Wir hatten im Hotel rumgeblödelt, und ich sagte, dass wir eigentlich noch ein paar Routen am Fels klettern könnten. Kilian, der Favorit für den Wettkampf, Jorg und ein Engländer, der sich auskannte und kein Problem damit hatte, ein Auto auf der falschen Straßenseite zu pilotieren, waren auch dabei. Wir schnappten uns ein Mietauto und fuhren in die Kletterlandschaft in der Nähe von Birmingham.

Natürlich strengten wir uns nicht über Gebühr an, das wäre am Tag vor einem Wettkampf unseriös gewesen. Aber wir gingen ein, zwei Touren und fuhren dann wieder heim.

Als tags darauf der Wettkampf begann, füllte mich die Sonne vom Vortag noch immer aus. Und ich traute meinen Augen nicht. Gleich in zwei Bouldern waren Risse, in denen man Handklemmer machen musste. Nichts anderes hatte ich im Yosemite Tag und Nacht trainiert. Ich wusste wie man Handklemmer macht. Während meine Konkurrenten zum Teil ratlos vor dem Problem standen und mit Pauken und Trompeten daran scheiterten, marschierte ich problemlos zum Topgriff.

Mit diesem Joker in der Hand löste ich auch die anderen Probleme unbeschwert und leidenschaftlich, und noch bevor die Sonne unterging, war ich Europameister im Bouldern. Genial.

Ich nahm mir vor, Trenki anzurufen und ihm zu erzählen, wie wichtig es gewesen war, im Yosemite Rissklettern zu trainieren. Auch wenn ich mich freute, dieser Titel war mir passiert. Mein Saisonziel war ein anderes: Ich wollte den Lead-Weltcup gewinnen.

Zwölf

Am Anfang der achten Klasse Gymnasium hatte ich zum ersten Mal daran gedacht, mit der Schule aufzuhören. Es lag nicht an der Schule. Das Sport-BORG, unser Bundes-Oberstufen-Real-Gymnasium in Innsbruck ist eine Schule, die speziell auf die Bedürfnisse von Leistungssportlern ausgerichtet ist. Das BORG unterstützte mich nach Kräften, aber am Ende entschied ich mich trotzdem dafür, es sein zu lassen.

Es war eine extrem stressige Zeit. Schule, Wettkämpfe, Reisen, Felsklettern, Medienauftritte. Wettkampfklettern war binnen kurzer Zeit zu meinem Beruf geworden. In die Halle musste ich, auf den Fels wollte ich gehen. Meine Freizeit war die Zeit, die ich mit Freunden am Fels verbrachte, und die blieb komplett auf der Strecke.

Ich war gar nicht schlecht in der Schule. Ich kam ohne große Anstrengungen durch. Mein Talent für Sprachen erlaubte mir, gut Englisch zu sprechen und anständig Französisch. Deutsch konnte ich sowieso, falls Tirolerisch als Deutsch durchgeht. Nur in Mathematik musste ich mich hinsetzen, um zu lernen, aber sobald ich verstand, was einem das alles bringt, war auch das kein Problem mehr.

Der Gedanke kam nicht von heute auf morgen. Ich

hatte schon länger überlegt, die Schule zu schmeißen, aber in der Phase des großen Stresses wurde der Gedanke immer greifbarer. Für Yosemite ließ ich mich drei Wochen freistellen.

In der Zeit, dachte ich mir, denkst du über die Sache noch einmal nach.

Aber in Kalifornien nahm meine Lust auf die Schulbank auch nicht zu, im Gegenteil. Ich merkte, was ich vermisste, wenn ich nicht so viel an der Luft, am Fels sein konnte, wie ich wollte.

Ich sortierte die Gründe, die mir helfen sollten, meine Entscheidung zu treffen. Dabei kam ich immer wieder auf den Gedanken zurück, dass ich gar nicht wusste, was ich mit der Matura eigentlich anfangen sollte. Zu diesem Zeitpunkt war bereits völlig klar, dass ich vom Klettern leben würde, und du brauchst keine Hochschulreife, um ausgezeichnet zu klettern.

Klar, die Matura öffnet dir viele Möglichkeiten, du kannst studieren, Akademiker werden.

Aber wollte ich Akademiker werden? Sicher nicht.

Ich konnte mir vorstellen, irgendwann den Bergführer zu machen, aber dafür brauchte ich sicher keine Matura.

Dieses Argument überzeugte mich schließlich. Wenn ich mit der Matura nichts anfangen kann, muss ich sie nicht ablegen. Schließlich wollte ich noch nie etwas machen, was mir nichts bringt.

Natürlich traf ich die Entscheidung nicht allein. Ich redete lange mit meinen Eltern und mit dem Peter. Alle sagten, dass die Entscheidung bei mir läge. Sie fanden es verständlicherweise nicht die beste Idee der Welt, man weiß ja, wie Erwachsene denken. Aber am Schluss sagte meine Mutter nur: »Wenn du das willst, dann werden wir das auch unterstützen.«

Und Peter, der mir am meisten in den Ohren gelegen war, das lieber noch einmal sehr gut zu überlegen, gestand mir später, als der Schulaustritt über die Bühne gegangen war, dass er selbst die Schule auch geschmissen hatte. Aber seine Frau, die Susanne, eine Lehrerin, hatte ihm verboten, mir das zu sagen, bevor ich mich entschieden hatte.

Es war also allein meine Entscheidung. Alle drängten mich dazu, noch einmal darüber nachzudenken, aber keiner sagte mir, dass die Entscheidung dumm sei. Jeder sah, dass ich sie mir nicht leicht gemacht hatte, und dass ich das Gymnasium nicht deswegen verließ, weil ich zu dumm oder zu faul für die Schule war. Es war einfach nicht das Richtige für mich.

Klettern war das Richtige für mich.

Meine Mitschüler dachten wieder mal, dass ich spinne. Auch das war nichts Neues. Das hatten sie schon vorher gedacht, als ich ankündigte, nur noch klettern zu wollen. Aber als es tatsächlich so weit war, dachten sie, jetzt hebt es ihn komplett aus. Den meisten Lehrern hingegen war es egal. Die kannten sich mit Schulabbrechern aus, und sie zuckten nach den Jahren, in denen sie mir zum Teil kräftig und herzlich entgegengekommen waren, nur noch resigniert die Schultern. Ich kann's verstehen. Lehrer haben vielleicht Verständnis für Leute, die nicht mehr zur Schule gehen wollen. Aber sie dürfen es nicht richtig finden.

Dreizehn

Eine Woche nachdem ich die Schule verlassen hatte, brach ich mir den Fuß. Genaugenommen fiel mir ein ziemlich großer Felsbrocken auf den Fuß. Ich war mit Jorg zum Einbohren einer Route ins Zillertal gefahren. Die Route sollte an einem Felsdach, das wie eine Banane aussah, vorbeiführen. Es war unser »Banana Roof Project«. Wir ließen das Auto hinter einem Tunnel kurz vor Ginzling stehen und stiegen eine halbe Stunde zum Jauenkopf zu. Jorg war die erste Seillänge vorgestiegen, er hatte Stand. Ich war gerade damit beschäftigt, unsere Route zu putzen. Das heißt, es ging darum, die Route, die wir eröffnen wollten, zur Wiederholung vorzubereiten. Wenn eine Route einmal eröffnet ist, vertrauen die Kletterer, die sie wiederholen, oft darauf, dass alles, was da ist, hält. Sie prüfen nicht mehr jeden Zentimeter Fels. Dazu waren wir jetzt da.

Ich befand mich etwa 20 Meter über dem Boden und beschäftigte mich mit der Verschneidung, in der ich hing. Einige Blöcke darin wirkten nicht sehr stabil, also begann ich sie von oben nach unten abzuräumen. Als ich einen der letzten Blöcke aus der Wand zog, merkte ich augenblicklich, dass ich einen Fehler gemacht hatte. Der depperte Block hatte den oberen Teil der Verschneidung gestützt, und dieses Stück Fels schickte sich jetzt an, herunterzukommen. Ich reagierte schnell, stieß mich sofort von der Wand nach rechts ab, um den herunterfallenden Blöcken auszuweichen, und mein rechter Fuß war rechtzeitig in Sicherheit. Der linke allerdings nicht.

Ein gewaltiger Block, so groß wie ein Bierkasten, flog mir auf den Fuß, der noch in der Luft baumelte. Stumpfer Schmerz. Der Schmerz potenzierte sich, als ich nach dem Zwischenfall versuchte, weiterzuklettern. Innerhalb kürzester Zeit wurde der Fuß blau und schwoll an. Kein Zweifel, da war etwas kaputtgegangen.

»Scheiße. Alles okay, Fuzzy?«, schrie Jorg von oben.

»Ich glaube, ich hab mir den Haxen gebrochen. Aber ich komm noch rauf zu dir, dann seilen wir ab.«

Jorg war mit seinem gebrochenen Haxen ja zwei Wochen lang herumgekraxelt, inklusive Semifinale im Weltcup. Da würde ich wohl noch zehn Meter schaffen.

Aber Jorg war gescheiter geworden und ließ mich langsam die Wand hinunter. Unten angekommen, legte ich mich hin. Der Fuß war inzwischen unförmig aufgeschwollen, stach und klopfte, und er vertrug überhaupt keine Belastung. Ich machte zwei Fotos. Eins für die Anatomie, das andere für meinen Sportkundelehrer.

In Situationen wie diesen – Sonntagsalpinisten würden vielleicht »Bergnot« dazu sagen – waren zwischen Jorg und mir keine Worte nötig. Wir würden jetzt durch den Wald hinunterkommen, irgendwie. Wir kamen nicht einmal auf die Idee, die Bergrettung zu holen, geschweige denn nach einem Hubschrauber zu fragen.

Hubschrauber alarmieren ist ein No Go. Hubschrauber gilt nur in echten Notfällen. Aber davon waren wir ja weit entfernt.

Jorg nahm meinen Rucksack und stützte mich. Ich hielt mich an Jorgs Schulter fest und hüpfte ihm auf dem rechten Fuß hinterher, hinunter durch den abschüssigen Wald, immer wieder rutschte ich aus und fiel auf den Hintern, und das Hinfallen vertrug der Fuß gar nicht gut. Als wir aus dem Wald herauskamen, hatte Jorg das Rumgehüpfe satt. Das Gelände wurde flacher. Er nahm mich kurzerhand auf den Rücken und trug mich hinunter zum Auto, lagerte mich auf dem Rücksitz ein und fuhr schnurstracks nach Mayrhofen in die Klinik. Das Röntgen brachte Gewissheit: der Mittelfußknochen war gebrochen. Wir fuhren zurück nach Ginzling und Jorg lief schnell hinauf zur Wand, um unser Material zu holen. Auf der Rückfahrt nach Innsbruck begann er plötzlich unmotiviert zu lachen.

»Was ist?«, fragte ich.

»Ich weiß, wie wir unsere Route nennen, wenn sie fertig ist.«

»Wie?«

»Broken Banana, du Pflaume.«

Dann lachte er sich halbtot, während ich mich auf dem Beifahrersitz nur zu einem schmalen Lächeln durchringen konnte.

Ich ließ mir in Innsbruck eine Schiene verpassen. Außerdem schrieb mich der Arzt für zwei Wochen krank.

Zwei Wochen ohne Klettern.

Das hielt ich für übertrieben. Ich ging nach einer Woche wieder in die Kletterhalle, um zu bouldern. Aber ich vermied es, in die Matte zu fliegen.

Dann rief ich Jorg an.

»Machen wir die Broken Banana fertig.«

»Du hast einen gebrochenen Fuß, Fuzzy.«

»Der ist schon wieder okay.«

»Ich will dich aber nicht wieder durch den Wald tragen.«

»Du musst nur meinen Rucksack nehmen.«

Das war okay für Jorg. Er holte mich ab, wir fuhren ins Zillertal, parkten das Auto hinter dem Tunnel bei Ginzling, und dann ging's durch den Wald hinauf zum Felsen. Ich muss zugeben, dass der Aufstieg nicht ganz so prickelnd verlief, wie ich mir das vorgestellt hatte. Es war Winter, es lag Schnee, so dass ich mit meinen Krücken bis auf den Grund durchbrach. Wenn mir zwischendurch der geschiente Fuß wehtat, kroch ich auf den Knien weiter. Aber als ich schließlich in der Wand hing, war alles wieder okay: Der Fuß konnte sich erholen, weil er nicht zum Steigen verwendet wurde, sondern nur in der Luft hing. Und mir ging es sowieso besser, nachdem ich dem bösen Sofageist entkommen war.

Wir waren eine Tour im Stilluptal gegangen, einem Seitental des Zillertals, und wählten für den Abstieg eine steile Rinne, die von einem großen Kar weit oben hinunter ins Tal führte. Es war schon Abend, und es wurde kühl. Jorg und ich stapften durch den Schnee hinunter, den eine gewaltige Grundlawine hier abgeladen hatte. Wir hatten den Kegel der Lawine beim Aufstieg gesehen. Er war gut und gern 300 Meter breit. Die Lawine musste mit einer ungeheuren Wucht und einem beängstigenden Volumen durch die Rinne hinuntergeschossen sein.

Ich war überzeugt, dass der Weg, auf dem wir gerade unterwegs waren, sicher war. Die Schneemassen, die unten lagen, sprachen eine deutliche Sprache. Hier war der Schnee des gesamten Kars abgegangen. Gefährlich war diese Rinne erst wieder im nächsten Frühjahr.

Die Tour war schön gewesen, wir hatten gute Laune. Jorg hatte seinen Helm vergessen, deshalb trug er jetzt meinen auf dem Kopf. Er hatte mich in der letzten Seillänge gesichert und war dann nachgestiegen, und wer im Nachstieg ist, bekommt logischerweise den Helm.

Wir blödelten herum, dachten schon an die nächsten Projekte, freuten uns auf den nächsten Weltcup auf der Insel La Réunion und stöhnten gleichzeitig über den ewig langen Flug, und es war totaler Zufall, vielleicht aber auch unterbewusste Vorsicht, ein Warnsignal meines Unterbewusstseins, dass ich mich irgendwann umdrehte und die Rinne entlang nach oben schaute.

Zuerst glaube ich, dass ich mich irre.

Ich reiße die Augen auf. Es ist noch genug Licht im Tal, so dass kein Zweifel besteht, dass ich richtig sehe. Was ich sehe, schickt eine Kältewelle durch meinen Körper, und in meinem Nacken stellen sich vor Entsetzen die Härchen auf.

Am oberen Ende der Rinne, in der wir uns gerade befinden und absteigen und durch die das Ungetüm von Frühjahrslawine vor wenigen Tagen abgegangen ist, nimmt gerade eine neue, noch viel gewaltigere Lawine Anlauf, um auf dem Schnee der Vorgängerin ins Tal zu rasen. Ich kann den grauen Schnee sehen, der wie ein offenes Maul auf uns zukommt, die Rinne entlang, von der links und rechts steile Felsen oder mit Gras und kleinen Stauden bewachsene Böschungen wegziehen, noch ist kein Geräusch zu hören außer meiner Stimme.

»Lawine, Jorg. Renn!«

Das Kar hat die Form einer Arena. Es beschreibt einen steilen Halbkreis, von dessen Boden die Rinne ins Tal zieht. Ich hatte mich geirrt. Die erste Lawine hat nicht den ganzen Schnee dieser Naturarena ins Tal geschickt. Es muss lediglich der Schnee der Ostseite gewesen sein, den die Vormittagssonne weich und schwer gemacht hat. Die letzten Nachmittage waren alle bewölkt und kühl, da hat sich der Schnee auf der anderen Karseite nicht verabschiedet.

Das muss ausgerechnet heute passieren. Jetzt und hier.

Während die Schneefront Fahrt aufnimmt und schon ein dumpfes Rumpeln zu hören ist, rennen wir vor der Lawine davon.

Wir rennen instinktiv schräg nach unten. Die Rinne ist hier etwa 25 Meter breit und steigt an den Rändern relativ steil an. Ich sprinte auf die Böschung zu. Nur nicht hinfallen, dann ist es aus.

In Sprüngen rase ich wie ein Viech die Böschung rauf,

David und Daniel bei Sonnenaufgang vor der Südwand des Cerro Torre, Patagonien, Argentinien, 2009.

David zusammen mit seinen Eltern, Claudia und Rinzi, in Nepal, 1993.

David mit Peter Habeler am Gipfel des Großglockner (3798 m), 1999.

David mit Trainer Reini Scherer, bei einem Kletterwettkampf in Grenoble, Frankreich, 1999.

David bei seinem ersten Wettkampf, dem Hohe-Munde-Cup
in Telfs, Tirol, 1997.

David beim Deep Water Soloing in Thailand, 2006.

David in der Route »Revision« (9+ / 10–) in Niederthai,
Ötztal, 2007.

David klettert beim Mammut Teamtrip im Peak District
die Route »London Wall« (E5 6a), 2010.

David im Halbfinale der Weltmeisterschaft
in Qinghai, China, 2009.

AUSTRIA
中国 青海

David und Daniel in der Route »Boa Roof« (8+)
im Yosemite Nationalpark, Kalifornien, 2006.

David und Jorg im Aostatal, 2009.

David in der fünften Seillänge der Route »Desperation of the Northface« (8+ / 9–) an der Sagwand, Zillertal, 2008.

David mit Giovanni und Stef im Zug von Moskau nach Bishkek / Kirgistan, 2009.

Special

David und Stef beim Sortieren des Materials im Regen nach dem Abseilen vom Asan, Kirgistan, 2009.

David und Daniel in ihrem Zelt im Nipo Nino,
Cerro Torre, Patagonien, 2009.

David auf dem Weg zum Col de la Paciencia, Cerro Torre.
Im Hintergrund die 2000 Meter hohe Westwand des Fitz Roy, 2009.

David und Jorg in ihrer Route »Brento Centro« (10) am Monte Brento, Italien, 2010.

hechte einem Bäumchen entgegen, kriege es zu fassen und ziehe mich hoch.

Jorg ist zwei Schritte hinter mir. Er erwischt nur noch einen dünnen Ast und krallt sich daran fest.

In diesem Augenblick donnert die Lawine an uns vorbei. Nasser, dreckiger Schnee, Steine, Holz, das sie mitgerissen hat. Wir sind so nah, dass wir so etwas wie die Gischt dieser alpinen Flutwelle abkriegen. Im Nu sind wir komplett nass, und während wir da an unserem Bäumchen hängen, donnert immer neuer Schnee an uns vorbei, wie ein Güterzug, der 1000 Waggons hat.

Es hört nicht auf, es hört nicht auf.

Ein, zwei Minuten vergehen, und noch immer schiebt sich der Schnee nach unten. Ich habe den Kopf tief zwischen den Schultern, weil ich Angst habe, dass statt Schneestaub irgendwann doch ein Stein daherkommt, und dann denke ich daran, dass der Jorg meinen Helm aufhat und schreie: »Wenn ich einen Stein auf den Schädel krieg, erschlag ich dich.«

Da ist die Lawine allerdings schon am Einschlafen.

Vierzehn

Ich war schon als ganz Kleiner, als Fünfjähriger, Skitouren gegangen. Ohne Tourenbindung und mit Skiern, auf die der Opa Felle geklebt hatte. Aber sobald das Wettkampfklettern begann, fehlte mir die Zeit, schöne Touren zu gehen. Ich war zwei Jahre mit dem Snowboard auf der Piste unterwegs, aber das wurde mir schnell fad.

Irgendwie gefiel mir Skifahren einfach besser.

Ein Brett macht Spaß. Zwei Bretter machen doppelt so viel Spaß.

Reini hatte mir den Floh ins Ohr gesetzt, wieder mit dem Skifahren anzufangen. Nach dem Training, wenn wir noch ein bisschen quatschten, erzählte er mir von Erstbefahrungen, die er gemacht hatte, von extrem steilen Rinnen, durch die er mit den Skiern hinuntergefahren war, und ich konnte am Glanz seiner Augen ablesen, dass diese Art, Ski zu fahren, etwas sein würde, was mir auch gefällt.

Ich kaufte mir ein neues Paar Ski und eine Saisonkarte, und das Skifahren gefiel mir. Natürlich fuhr ich nur auf der Piste, wenn es unbedingt sein musste. Ich wurde besser, aber es ging mir zu langsam.

Beim Regenerationstraining in Obergurgl im Ötztal saß ich abends im Quartier, als die Trainer der spanischen Jugend-Skinationalmannschaft auftauchten. Wir kamen ins Gespräch, und es kann schon sein, dass ich den Mund ein bisschen voll genommen habe. Jedenfalls nahmen sie mich am nächsten Tag mit auf die Piste, um zu schauen, ob ich so gut war, wie ich erzählt hatte. Die Burschen fuhren mir natürlich um die Ohren, und ich nahm sofort alles zurück. Sie zeigten mir ein paar technische Kniffe. Die konnte ich gut brauchen. Klar, ich war auch bisher überall runtergekommen, aber eben so, wie es mir meine Mutter und mein Opa beigebracht hatten, und die beiden sind bei aller Liebe keine Leitsterne beim Skifahren. Ich fuhr wie ein mutiger Anfänger, der es nicht richtig gelernt hat.

Also lernte ich.

Ich lernte, dass du dich beim Skifahren echt etwas trauen musst.

Ich lernte, dass du dem Impuls widerstehen musst, den jeder normale Skifahrer hat, wenn er in Schwierigkeiten kommt: dich zum Hang zu orientieren. Stattdessen musst du hangabwärts schauen, damit du immer Druck auf dem Außenski hast.

Bald fuhr ich in echt anspruchsvolles Gelände und genoss neben den Schwüngen, die plötzlich leicht und sicher wurden, auch die Einsamkeit und die Tatsache, dass – neben dem Klettern – plötzlich interessante Herausforderungen auftauchten.

Daniel ist ein guter Skifahrer. Gemeinsam probierten wir alles Mögliche aus. Als wir in diesem Winter eine Erstbefahrung in der Axamer Lizum, einem Lieblingsskigebiet der Innsbrucker, unternahmen, wo das Gelände felsig und über 50 Grad steil war, wurde mir bewusst, wie viel Steilwandfahren mit Klettern zu tun hat. Du darfst dir keine Fehler erlauben, weil wenn es dich haut, bist du weg, und zum Teil schleppst du auch ziemlich viel Ausrüstung mit, wenigstens bei den wilderen Sachen. Teilweise hatten wir den Eispickel dabei, den Handbohrer, das Seil sowieso, denn immer wieder enden die genialsten Steilhänge in Felsabbrüchen, über die man abseilen muss, mit den Skiern am Rücken.

Wir lernten viel über Lawinen, blieben aber immer auf der sicheren Seite. Wir wollten verstehen, warum eine Lawine unter gewissen Umständen abgeht. Wollten lernen. Erfahrungen sammeln. Ich wollte mich lawinenmäßig nicht so schnell wieder irren.

Als Daniel und ich mit dem Reinthaler Peter und dem Fotografen Philipp Horak auf die Wildspitze im Ötztal gegangen waren, um Fotos zu machen, fuhren wir anschließend nicht die normale Abfahrt hinunter, sondern querten zur Nordwand. Ein Tag mit perfekten Bedingungen. Die Nordwand beginnt flach, wird immer steiler und geht in eine 52 Grad steile Eisflanke über, die hin und wieder Kletterer mit Steigeisen hinaufgehen. Dieses Stück ist lustig. Du fährst und fährst, mit etwas abgehackten Schwüngen, wie man auf Eis eben fahren muss, und es zieht mächtig hinunter. Am Anfang hast du nicht das Gefühl, dass es steil ist. Aber wenn du in der Mitte der Flanke stehst, und unter dir geht es noch einmal 200 Meter hinunter – doch, dann kommt dir der Hang plötzlich sehr steil vor.

Ich war an diesem Punkt schon lange vorbei, brachte aber keinen Schwung mehr hin, weil das Eis nicht mehr so griffig wie im oberen Teil war, sondern glatt. Ich musste mich mit den Stöcken nach hinten in den etwas flacheren Teil am Rand manövrieren.

Ich schaute und sah, dass das untere Ende der Flanke, wo es flacher wurde, durchgehend weiß war. Das Weiß verhieß guten Schnee, jedenfalls kein weiteres Eis.

Daniel stand etwas über mir. Er wartete, was ich tun würde.

Ich hatte eine Idee. Ich steckte beide Stöcke ins Eis, hüpfte um 90 Grad um, meine Skispitzen zeigten nach unten und ich beschleunigte schon wie ein Abfangjäger. Nach wenigen Sekunden genialen Speeds auf Eis tauchte ich in eine perfekte Pulverschneewolke ein. Hier konnten wir es richtig tuschen lassen, und als Daniel nachgekommen war und abschwang, waren wir beide außer Atem, und Daniel lachte wie verrückt.

»Was lachst?«

»Wie du die Ski auf Schuss gestellt hast, hab ich's nicht mehr gefressen.«

»Und dann?«

»Hab ich die Ski auch auf Schuss gestellt …«

Fünfzehn

Im Klettergarten von Céuse in der Provence schaute ich Kilian zu, der gerade die Route »Le Cadre« geklettert war. Jorg hatte ihn dabei von unten gesichert. Kilian holte die Schlingen, die er für den Durchstieg gebraucht hatte, aus der überhängenden Wand. Die letzte Schlinge war nur wenige Meter über dem Boden. Als Kilian sie aushängte, zog ihn das Seil nach außen, und er pendelte durch die Luft. Ich schaute mir den spektakulären Pendler ein bisschen neidisch an.

Ich schrie nach oben: »Kili, lass mich auch mal pendeln.«

Kilian hängte ein paar Expressschlingen aneinander und befestigte sie an seinem Gurt. Als er das nächste Mal vorbeipendelte, sprang ich auf und fuhr als Kilis Handgepäck auf dem Pendler mit, aber als wir ganz außen waren, wo man einen Augenblick in der Luft steht und in die andere Richtung neue Fahrt aufnimmt, sackten wir ab.

Kilian schrie: »Was machst denn jetzt für einen Scheiß, Jorg?«

Es fühlte sich so an, als würde uns Jorg einfach ablassen, aber so derb ist sein Humor auch wieder nicht. Außerdem hörten wir ihn auch schon schreien. Unser beider

Gewicht hatte ihn einfach ausgehoben, er kam auf einer Höhe mit uns auf uns zugependelt.

Vielleicht zwei, drei Meter über dem Boden krachten wir mit Schwung frontal zusammen, kawumm, wickelten uns samt Seil umeinander, und schrien, dass man uns im ganzen Klettergarten hören konnte. Als wir endlich wieder am Boden waren, lachten wir uns über den Blödsinn tot.

Ganz wichtig, dass im selben Augenblick Chris Sharma an uns vorbeiging und uns misstrauisch musterte: Was sind das denn für Trottel …

Jorg war an der Universität Innsbruck immatrikuliert, aber ernsthaft studieren tat er nicht. Mir schien, dass er vor allem darauf wartete, dass ich ihn anrief, ob wir nicht klettern gehen wollten. Jorg hatte nämlich das in meinen Augen Wichtigste begriffen:

Es geht beim alpinen Klettern nicht so sehr um die Leistung als um das Erlebnis. Und es war immer ein Erlebnis, mit ihm klettern zu gehen.

Als wir den Grundschartner im Zillertal machen wollten, nichts Wildes, saßen wir um zehn Uhr abends im Auto meiner Mutter und standen vor der schwierigen Entscheidung, ob wir nun einen Radler oder doch lieber ein Bier trinken sollen. Wir beschlossen, nicht länger darüber nachzudenken. Eins nach dem anderen. Gegen zwölf Uhr waren die Flaschen leer und wir stellten fest: Es regnet …

Wir schliefen im Auto. Am nächsten Tag um 5 Uhr 30

läutete der Wecker. Es war noch recht dunkel. Ich schaute durchs Fenster der Hintertür hinaus.

»Jorg! Wolken. Dichte Wolken. Ich glaub, es regnet noch.«

»Bist sicher?«

»Schon ziemlich.«

»Dann schlafen wir noch ein bisserl.«

»Ok.«

Aber eigentlich wollte ich gar nicht mehr schlafen. Ich begann mir Sorgen zu machen, dass wir die geplante Tour wegen dem Scheißwetter abbrechen müssen. Keine Ahnung warum, aber nach einigen Minuten öffnete ich die Autotür und schaute hinaus …

»Jorg! Der Himmel. Der Himmel ist blau.«

»Was?«

»Blau ist es. Das Wetter ist super!«

Ein paar Sekunden Stille, dann schaute auch Jorg aus seinem Fenster. Er brummte:

»Aber auf meiner Seite sind Wolken. Und da müssen wir rauf.«

Ich machte die Autotür wieder zu und legte mich hin. Einige Minuten vergingen, bis ich plötzlich in die Höhe schoss …

»Jorg!«

»Was ist?«

»Wir sind so blöd!«

»Was? Wieso?«

»Da sind keine Wolken. Die Fenster sind nur angelaufen.«

Nach 45 Minuten waren wir bereit zum Weggehen. Der Plan wie immer: Langsam raufgehen, schnell klettern, langsam und vorsichtig wieder runter.

Wir waren vielleicht fünf Minuten unterwegs, als Jorg den guten Plan schon wieder vollkommen vergessen hatte. Er machte Tempo. Puls über 200, der Schweiß begann zu fließen, und das Einzige, woran ich dachte, war: Nur noch zwei Stunden und 55 Minuten, dann sind wir beim Einstieg. Nach einiger Zeit wechselten wir die Position, jetzt ging ich voran.

Natürlich um nichts langsamer als Jorg. Eine Stunde waren wir unterwegs, jetzt erspähten wir das erste Mal den Gipfel zwischen den Bäumen. Die Motivation stieg wie die Blasen im Bier, und nach einer kurzen Verschnaufpause ging es weiter, nun richtig schnell. Nach etwas mehr als drei Stunden hatten wir den Einstieg erreicht.

Anseilen und weiter. Die Route ist gemäß dem Buch von Walter Pause ungefähr 750 Meter lang. Die schwierigste Stelle war im fünften, das meiste jedoch im dritten oder vierten Schwierigkeitsgrad. Pures Vergnügen.

Eigentlich lief alles perfekt. Wir stressten uns nicht. Wenn uns das Material ausging, machten wir einfach Stand. Hielten hier und da einmal an, um die wunderschöne Umgebung zu genießen, der Blick reichte von der Zugspitze bis zum Großglockner. Nach drei Stunden genialer Kletterei, aufgeteilt auf sechs Seillängen, standen wir am 3064 Meter hohen Gipfel.

Der Abstieg sollte über die Rückseite führen und war als lang und anstrengend beschrieben. Nachdem wir die ersten 50 Meter abgeklettert waren, erreichten wir ein perfektes Schneefeld.

Perfekt, um auf unseren Goretex-Jacken runterzurutschen.

Lang und anstrengend. Keine Lust.

Es ging schnell bergab, aber nach 15 Minuten war der Spaß auch schon wieder rum. Rechts am Wasserfall vorbei, über die Wiese und den Bach zu einer alten Hütte. Natürlich wieder im Laufschritt. Plötzlich standen wir mitten in einem Labyrinth aus Büschen, über die wir nicht hinaussahen.

Wohin? Ich probierte, hier nach rechts zu queren. Jorg versuchte es 50 Meter unterhalb. Nach einer Weile hörte ich ihn rufen …

»Fuzzy! Wo bist du?«

»Da oben.«

»Wo?«

»Egal.«

»Ich hab den Weg gefunden.«

»Was?«

»Komm einfach her da!«

Keine fünf Minuten später stand ich neben Jorg und fluchte über die Büsche und Brennnesseln, mit denen ich Bekanntschaft gemacht hatte. Es war auf jeden Fall mehr Glück als Verstand, dass wir den Weg wieder gefunden hatten. Deshalb folgten wir ihm jetzt auch ohne einen unserer berühmten, berüchtigten Abkürzungsversuche bis zu einer Alm, auf der wir am Vortag unsere Mountainbikes deponiert hatten. Doch so schnell wollten wir nicht zurück ins Tal. Wir waren verdammt durstig und hatten sieben Euro in der Deckeltasche unseres Rucksacks. Sieben Euro = zweimal 3,30 Euro plus 40 Cent Trinkgeld = 2 Bier oder 2 Radler.

Bier oder Radler?

Immer diese Entscheidungen.

Sechzehn

Meine erste Bekanntschaft mit dem Rettungshubschrauber machte ich im »Schlund«. Der »Schlund« ist eine stark überhängende Wand im Zillertal, in deren unterem Drittel sich der Fels zu einem Trichter formiert, zu einem richtiggehenden Schlund. Reini hatte mit seinem Kollegen Much Maier das Projekt Schlund begonnen, war aber nicht weitergekommen als drei oder vier Seillängen hoch. Dann hatten die beiden es so lange ruhen lassen, bis Daniel und ich sie fragten, ob wir übernehmen dürften. Das gebietet die Kletterer-Ethik. Wenn jemand ein Projekt angefangen hat, pfuscht man ihm nicht ohne seine Zustimmung hinein.

»Kein Problem«, sagte Reini.

Zum ersten Mal waren Daniel und ich schon eingestiegen, bevor wir nach Yosemite gefahren waren. Wir waren ziemlich gut ausgerüstet gewesen, hatten aber nur das Ein-Mann-Portaledge dabei, in dem man zu zweit nicht besonders bequem in der Wand schlafen kann, und die Haulbag mit einer Menge Material, Friends, Normalhaken, allem Möglichen. Wir waren sechs Seillängen geklettert, hatten unzählige Normalhaken gesetzt und auch ein paar Bohrhaken. Wir hatten zu Reinis vier schon zwei weitere Seillängen dazugefügt, als es stark zu regnen begann. Der Regen sammelte sich im Felstrichter zu einer regelrechten Sturzflut, und wir mussten abseilen.

Am dritten Stand rutschte Daniel am nassen Fels aus und stürzte in die Sicherung. Eigentlich kein Problem, nur löste sich sein Haulbag. Daniel konnte bloß noch: »Achtung, Haulbag!!« schreien – und das Teil flog samt der Bohrmaschine fast 180 Meter in die Tiefe.

Es machte einen Mordsschepperer, als meine geliebte Hilti-Bohrmaschine am Boden in tausend Einzelteile zerschellte. Dagegen war das Klirren, als das Haulbag folgte und sich Haken und Karabiner über den nassen Felsboden verteilten, richtig zart …

Wir legten nach diesem feuchten Start eine Pause von gut einem Jahr ein, dann versuchten wir es ein weiteres Mal. Wir schafften zehn Seillängen, dann wurde wieder das Wetter schlecht, aber wir blieben im Portaledge, entschlossen, bei nächster Gelegenheit weiterzuklettern.

Das Portaledge ist für eine Person konstruiert. Zu zweit hatten wir kaum Platz. Der Kopf von einem von uns hing immer über die Kante. Außerdem war unser selbst gebasteltes Überzelt zu klein. Wir hatten in das Überzelt eines normalen Zelts ein Loch geschnitten und es über das Portaledge gestülpt. Das sollte den Regen abhalten. Aber es half alles nichts: Der, dessen Kopf gerade über den Rand hinaushing, bekam auch noch den Regen ins Gesicht.

Der Regen hörte nicht auf. Nach einer unvergesslichen Nacht im Portaledge beschlossen wir abzuseilen.

Wir hatten insgesamt vier Tage in der Wand verbracht, und während dieser Zeit musste uns ein Tourist mit seinem Feldstecher entdeckt haben. Er deutete unsere Bewegungslosigkeit als Hilfsbedürftigkeit und alarmierte die Bergrettung.

Ich sicherte gerade Daniel beim Abseilen, als ich das Geräusch eines näherkommenden Helikopters hörte: »Hubhubhubhub.«

Hubschrauber sind unter Alpinisten verpönte Fortbewegungsmittel. Wenn du dich mit dem Hubschrauber aus einer Wand retten lässt, ist das ungefähr so tapfer, wie wenn du den Buben, der dir in der Sandkiste deine Burg kaputtgemacht hat, von deiner Mutter verprügeln lässt.

Also Körper Richtung Helikopter drehen und das Zeichen machen: linker Arm runter, rechter Arm hoch. Das ist das internationale Zeichen für NO: »Haut ab.«

Der Hubschrauber drehte wieder um.

Und tschüss …

Das heißt nicht, dass ich die Arbeit der Bergrettung geringschätze. Aber sie braucht einen echten Anlass. Ich schlug also mit Daniel die Zeit tot, indem wir diskutierten, was passieren muss, damit wir uns vom Hubschrauber rausfliegen lassen.

Trotzdem, für diesmal mussten wir unseren Aufenthalt im Schlund abbrechen. Wir hatten auch nichts mehr zu essen, und langsam begann der Hunger zu brennen.

Als wir entschieden, abzuseilen, meinte Daniel, wir könnten doch wie beim letzten Mal das Haulbag einfach runterschmeißen: »Wenn es gut zu ist, passiert bestimmt nichts.«

Gesagt, getan. Wir machten den Rucksack gut zu und ließen ihn fallen. Aber er schlug so blöd gegen die Wand, dass das Band, das das Haulbag zusammenhielt, doch wieder aufging, und wie im Jahr zuvor hörten wir das Klingeln der Normalhaken, als sie sich über den Talboden verstreuten …

Nach dem Abseilen also zwei Stunden Ausrüstung einsammeln. Im Regen. Erst dann gab es etwas zu essen.

Zu Ende brachten wir das Projekt dann wieder ein Jahr später, als in einer Schönwetterperiode endlich einmal gute Verhältnisse herrschten. Wir kletterten zehn Seillängen an einem Tag, schliefen im Portaledge, kletterten zwei äußerst anspruchsvolle A3 Techno-Längen, schliefen.

Am dritten Tag sind wir schließlich aus der Wand »gechickened« – wie zwei Hühner rausgeweicheiert. Basta, Schlund

Siebzehn

Es war Jorg, dem das Sagwand-Projekt einfiel. Er hatte die Sagwand einmal in einem Buch gesehen und ist rauf zur Geraer Hütte im Valsertal, um sich die Wand selbst anzuschauen.

In Tirol gibt es wenige Wände aus Granit, die so hoch und so steil sind wie die Sagwand. Jorg und ich mögen Granit. Granit gibt die Linien, denen entlang man klettert, meist viel schlüssiger vor als zum Beispiel Kalk. Eine Granitwand besteht aus vollkommen glatten Platten, zwischen denen ein Riss hinaufführen kann. Wenn sich die Platten überlagern, bilden sie eine Schuppe. Das sind dann oft die einzigen Möglichkeiten, durch die Wand zu kommen. Links und rechts davon: unmöglich. Das macht den Spaß aus.

Granit verlangt das Unbedingte. Keine Abschweifungen.

Im leichten Gelände ist Granit oft blockig. Würfel in allen Größen, einen Meter, fünf Meter, zehn Meter hoch, sind einfach übereinander gestapelt wie überdimensionale Pflastersteine. Lässig zum Klettern. Hinter manchen Blöcken tun sich Spalten auf, du merkst, wie zufällig die Felsen aufeinandergerutscht sind, und du solltest dir schon unten überlegen, ob so ein Gefüge plötzlich zu kippen beginnt oder hält.

Jorg kam von seinem Ausflug zurück und sagte: »Fuzzy, das ist eine gescheite Wand.«

Ich war ehrlich gesagt skeptisch. Auf den Fotos hatte die Sagwand immer grausig ausgesehen, eine wilde Wand, Exposition Nord, 800 Meter hoch, steil, kalt, nass und schwarz.

»Bist sicher, Jorg, dass die Wand nicht nur grausig ist?«

Jorg nickte. In seinem holländischen Tirolerisch sagte er: »Mir sollten's probieren.«

Natürlich begann das Sagwand-Projekt mit Warten. Die Sagwand hat nur an wenigen Tagen im Jahr gute Bedingungen. Ich schätze, 2008, als wir es versuchten, waren es nicht mehr als fünf. Das Problem ist die Nässe. Wenn die Wand nass ist, geht sie nicht. Der Gipfel liegt auf rund 3200 Meter. Wenn es im Tal regnet, schneit es oben, und der Schnee geht dann tagelang nicht aus der Wand raus, Klettern ausgeschlossen. Sobald der Schnee dann schmilzt, ist die Wand nass, und es geht wieder nichts.

Als wir zum ersten Mal einstiegen, ließen wir das Auto auf dem Parkplatz bei der »Touristenrast« stehen. Von dort geht es über einen flachen Forstweg hinein ins Valsertal. Die Sagwand gehört zu den Zillertaler Alpen, aber hineingehen muss man über das Valsertal, von der Rückseite des Zillertals her. Es war stockdunkel, als wir starteten. Bei Sonnenaufgang wollten wir zu klettern beginnen.

Wir marschierten zügig an den ersten Almen vorbei, der Weg verengte sich zu einem Steig. Wir stiegen zur Geraer Hütte auf und querten dann einen Boden, eine flache

Wiese, bis zum Geröllfeld am Fuß der Sagwand. Hier ist der etwa dreieinhalbstündige Zustieg vorbei. Ein steiles Schneefeld von etwa 200 Meter Länge und 45 Grad Steigung führt zum Einstieg in die Vertikale.

Wir zogen uns die Steigeisen an und gingen das Schneefeld hinauf. Überall Einschlaglöcher von Steinen im Schnee. Ich schaute Jorg an, der dachte das gleiche wie ich: Das Geröllfeld mit Steinen, die zum Teil so groß sind wie die Schafe, die neben den Almen grasen, ist auch nicht zufällig hier.

In die Wand rein. Gleich am Anfang, zehn Meter über dem Schneefeld, schlug ich einen Normalhaken rein und hängte mich zur Probe mal dran. Okay. Jorg kam nach. Rücksäcke runter, Steigeisen weg und Kletterschuhe an. Ich stieg die erste Länge vor, und weil die nur 25 Meter lang war, hängte ich gleich die zweite dran. Wir machten Tempo. Running Belay: der Erste klettert los, und erst wenn das Seil aus ist, klettert der Zweite nach. Das geht viel schneller, als wenn man mit der vollen Sicherung unterwegs ist. Wir machen das nur im eher einfachen Gelände – die erste Länge hat Schwierigkeitsgrad fünf, die zweite vier. Dann machte ich Stand, und Jorg stieg vor: Es wurde die Schlüssellänge der ganzen Tour.

Wir wussten zuerst nicht, ob wir links oder rechts weitergehen sollten. Links steht ein riesiger Pfeiler, rund 50 Meter hoch, 30 Zentimeter von der Wand entfernt, im unteren Teil sicher zehn bis fünfzehn Meter breit, aber ständig schmaler werdend bis zu einer Stelle, wo er nur noch einen Durchmesser von einem Meter hat.

Zu gefährlich: Wenn du an dem Pfeiler »hochbiazt« – mit den Händen die Granitschuppe hältst und deine Füße gegen die Wand dahinter presst –, dann ist es besser, wenn der Pfeiler hält.

Wir suchten also nach einer Alternative. Die Alternative führte zuerst gerade hoch, dann quer über eine Granitplatte nach rechts und wieder in einer Linksschleife zum nächsten Stand.

»Wo willst denn da was legen?«, fragte ich Jorg. »Das ist doch eine komplett glatte Platte. Da bekommst weder einen Friend noch einen Normalhaken rein.«

Er zuckte nur mit den Schultern. Von unten war nichts zu erkennen, also startete Jorg einfach auf gut Glück. Zuerst war es noch relativ leicht. Dann kam ein kleines Dach, an dem man ein bisschen nach rechts queren konnte, dann ging es über ein kleines Podest weiter hinauf. In dieses Podest schlug Jorg zwei Normalhaken hinein, die ganz gut aussahen, und darüber schlug er noch einen ein, der überhaupt nicht gut aussah.

Es gibt drei verschiedene Arten von Placements, wie wir die Sicherungen nennen: Bomberplacements halten einen Sturz ins Seil aus. Sie sind, wie der Name schon sagt, bombig. Bodyweight-Placements brauchst du nur beim Technoklettern. Sie halten das Körpergewicht, man kann sich also vorsichtig an sie anhängen, aber wenn es dich ins Seil schmeißt, haut es auch die Sicherungen raus. Moralische Placements sind Psychodekoration. Eigentlich dienen sie bloß dazu, dass das Seil irgendwo eingehängt ist. Wenn du nach unten schaust, sieht es aus, als ob du eh gesichert bist, auch wenn du weißt, dass es nicht stimmt.

Der Normalhaken, den Jorg eingeschlagen hatte, war eindeutig moralisch. Er befand sich bereits auf einem relativ anspruchsvollen Plattenquergang, wo man mit den Füßen auf winzige Tritte steigen musste, während die Hände nur flach am Fels lagen. Er bewältigte die Stelle souverän, und nach der Querung schlug er einen weiteren Normalhaken ein, der wieder hervorragend klang. Jeder Haken singt beim Einschlagen, und am Sound der Vibrationen lässt sich erkennen, ob der Haken gut sitzt oder nicht.

Der Ton wurde immer heller. Passt.

Jorg kletterte weiter, und er brachte ziemlich lange nichts in den Fels. Er stieg über einen Riss zu einem Dach auf, und dort war die Sache gegessen. Nur mehr leichtes Gelände, Jorg machte Stand, und ich kletterte nach.

Die nächste Länge stieg ich vor, der Fels war scheiße, nur eine Sicherung in einer zweifelhaften Schuppe, vielleicht hätte sie aber auch gehalten. Ein paar blöde Züge, dann war es nicht mehr schwer, es folgten zwei geniale Längen und eine durch leichtes, blockiges Gelände. Als wir etwa 350 bis 400 Meter der Wand hinter uns gebracht hatten, sahen wir, wie von Westen das schwarze Wetter hereinkam. Wir mussten umdrehen und abseilen, machten keinen Umweg zur Hütte, sondern liefen direkt hinunter zu den Almen und weiter zum Auto.

Wir saßen im Auto und hörten zu, wie der Regen aufs Dach prasselte. Wir waren zwölf Stunden ohne Pause unterwegs gewesen, kein Essen, nichts zu trinken, aber ich musste Jorg nicht fragen, wie er den Tag gefunden hatte, denn der Tag war genial gewesen. Lässige Kletterei. Anspruchsvoll. Spannend. Das war nicht das letzte Mal, dass wir dieser Wand zu Leibe gerückt waren.

Wir warteten zwei Wochen. Während dieser zwei Wochen spukte das Projekt permanent in unseren Köpfen herum. Der erste Eindruck in der Wand war gut gewesen, aufregend, thrilling. Die Wand hatte was, auch wenn sie gewiss wild sein konnte. Unsere Linie war okay, anspruchsvoll, aber nicht sonderlich brüchig. Es hatte irgendwie Spaß gemacht.

Höchste Zeit für noch mehr Spaß.

Ich könnte nicht sagen, dass wir den zweiten Versuch minutiös vorbereitet hätten. Ich war in der Schweiz gewesen, um bei Mammut etwas zur Produktentwicklung beizutragen, und als ich zurück nach Tirol kam, dämmerte es schon, und der Typ im Autoradio sagte für den übernächsten Tag schlechtes Wetter an. Die letzten Tage waren schön gewesen, also sollte die Wand trocken sein. Sofort rief ich Jorg an.

»Was machst du morgen?«

»Keine Ahnung. Und du?«

»Probieren wir die Sagwand noch einmal. Holst mich ab?«

Am gleichen Abend steht Jorg vor der Tür, und wir packen das Zeug ins Auto, dann ab ins Valsertal, Parkplatz »Touristenrast«.

Diesmal brauchen wir nur zwei Stunden auf die Geraer Hütte. Wir haben den Hüttenwirt angerufen, damit er uns ein Zimmer freihält. Als wir ankommen, ist es halb eins, dunkel, alles schläft. Unser Zimmer ist super, das letzte rechts hinten am Gang, schmale Betten aus Holz, richtig urig.

Um halb vier der Wecker. Drei Stunden können sehr kurz sein. Schnell aufs Klo, die Wasserflaschen füllen, ein bisschen was essen, um vier starten wir. Jorg hat ein paar Müsliriegel eingesteckt, ich gar nichts. Bloß nicht zu viel Gewicht herumschleppen.

Als wir zur Hütte aufgestiegen sind, haben wir die Wand gar nicht gesehen, weil eine riesige Nebelbank davorgehangen ist. Jetzt beginnt sich der Nebel zu verziehen, und als wir am Fuß der Wand ankommen, ist die Sicht nach oben frei.

»Wasserspuren«, sagt Jorg.

»Egal«, antworte ich. »Das nehmen wir in Kauf.«

Die Verhältnisse sind nicht ideal, aber okay. Wir fangen schnell an. Es ist schon hell, wir können ohne Stirnlampen klettern. Aus Zeitgründen haben wir die Längen getauscht. Ich hänge in der dritten Seillänge, der schwersten.

Der Fels ist kalt. Ich klettere wie immer ohne Handschuhe und habe dauernd das Gefühl, in die Nacht zu greifen, ins Feuchte. Als ich auf dem ersten Podest stehe, in das Jorg zwei Normalhaken eingeschlagen hat und meinen Haken einhänge, fühle ich mich gut. Quere dann über die glatte Platte, bis ich zum Bomberhaken komme, und hänge das rote Seil ein.

Jetzt muss ich gerade hinauf, und ich denke, das Schwerste hast du schon hinter dir. Der Riss, den ich jetzt rauf muss, ist nass, aber ich sage mir, egal, jetzt kannst du sogar fliegen, weil der Haken ja ein Bomberhaken ist. Es ist saukalt. Wir haben die Kletterschuhe und ein paar Socken an, was unüblich ist, weil man dann weniger Gefühl in den Füßen hat. Aber wenn uns die Füße abfrieren, haben wir gar kein Gefühl mehr.

Ich klettere fünf Meter hinauf, aber plötzlich ist die Selbstverständlichkeit weg und ich komme total ans Limit. Der Riss ist wirklich komplett nass, alle Tritte sind schmierig, und es ist so saukalt, dass ich meine Finger nicht mehr spüre. Ich bin gar nicht wirklich überrascht, als mein rechter Fuß wegrutscht. Er rutscht einfach an dem nassen Fels ab. Der Sturz hat sich irgendwie schon angekündigt. Während ich aus der Wand fliege, denke ich nur, macht nichts, ist eh ein Bomber, aber kaum spüre ich den Widerstand des Hakens, höre ich auch schon ein hässliches »Tsinggggg«, und der Bomberhaken verabschiedet sich ganz lässig aus dem Felsen ---

In meinem Kopf schrillen die Alarmglocken plötzlich wirklich laut. Jetzt hast die die Haxen ab, mindestens, und was ich noch denke, wird von dem Panikcocktail gelöscht, den mein Gehirn ausschüttet, bis ich mich im Seil hängend wiederfinde und staunend feststelle, dass der Haken, der moralische Haken, der Haken, der eigentlich nicht halten durfte, den Sturz abgefangen hat.

Er steckt in einem feinen Riss, nur wenige Zentimeter über einem kleinen Dach, das so breit wie eine Hand ist.

Es gibt keinen Grund, dass dieses Dach, das am Fels darüber zu kleben scheint, nicht herausbrechen sollte. Es gibt auch keinen Grund, warum der Haken noch steckt. Auch er sollte ausbrechen, wenn jemand kräftig daran reißt – aber weder das Dach noch der Haken sind herausgebrochen.

Keine Ahnung, warum.

Trotzdem danke.

Ich hänge also in den Seilen, und zwar nicht sprichwörtlich, sondern sehr, sehr echt – wir sind mit zwei dünnen Halbseilen statt mit einem dickeren Einfachseil geklettert. Der Vorteil besteht darin, dass die Seilreibung nicht zu groß wird und du ein Seil links und eines rechts einhängen kannst, im alpinen Gelände führt die Tour schließlich nur selten geradeaus nach oben.

Das rote Seil links, das blaue rechts. Das rote hat sich zwei Mal um meinen Körper gewickelt, ich bin eingeschnürt wie eine Stange Salami und muss mich umständlich befreien. Dann ziehe ich mich an dem erstaunlichen moralischen Haken in die Höhe – wenn er den Sturz gehalten hat, wird er wohl auch mein Körpergewicht tragen. In meinem Kopf rumort der Gedanke, dass wir keine Zeit haben, dass ich jetzt aufs Gas drücken muss.

Jorg ruft von unten, ob alles okay ist, aber ich lasse nur ein kühles »Passt schon« zu ihm hinunterfallen, als ob mein Sturz ein kleines Wackeln beim Balancieren auf der Gehsteigkante gewesen wäre.

Aber es ist nicht okay, es ist gar nicht okay, und ich klettere plötzlich einen kompletten Blödsinn zusammen. Ich wiederhole den Quergang, lege zwei Friends, wo der Bombenhaken gesessen hat, kein Wunder, dass ich ihnen nicht vertraue, aber ich traue mich nicht zurück in den Riss, aus dem ich herausgeflogen bin, sondern taumle in die andere Richtung, auf die große Schuppe zu und zwinge mich dort so weit hinauf, bis ich endlich ein sicheres Placement legen kann und meine Unsicherheit wieder unter Kontrolle bekomme – ich denke wenigstens, dass ich sie unter Kontrolle habe. Dabei habe ich sie wohl bloß an den hintersten Rand meiner Wahrnehmung gedrängt.

Jorg klettert nach. Er schaut mich genau an.

»Bist echt okay, Fuzzy?«, fragt er, aber ich denke mir, dass es eh passt, also antworte ich etwas ungeduldig.

»Klar. Geht schon wieder.«

Also klettert Jorg weiter. Er tut sich ziemlich schwer, denn auch die Schlüsselstelle der nächsten Seillänge ist patschnass, und er kann keine vernünftigen Sicherungen legen, aber er schafft es. Bei der nächsten Länge steige wieder ich vor. Die Route führt an einem Kamin entlang, in einem Riss, in den du dich mit dem ganzen Körper hineinzwängst und hinaufrobbst. Auch dieser Riss ist nass, und ich rutsche wieder aus, kann mich aber gerade noch halten. Als ich mich im Fels verspreizt habe und durchatme, merke ich, wie verstört ich eigentlich bin. Aber ich will weiter. Ich will nicht verstört sein. Ich will hinauf.

Zwei weitere Längen, und wir sind dort, wo wir beim ersten Versuch umgedreht haben. Ab hier also Neuland. Ich steige die nächste Länge vor, dann ist Jorg dran. Die Wand ist schuppig, die Schuppen ineinander verschachtelt und alles andere als stabil. Mit ein bisschen Kraft hätte man jede dieser Felsschuppen aus der Wand reißen können, und wenn du eine ausreißt, marschieren die anderen vermutlich mit. Wir müssen also sehr vorsichtig klettern, die Schuppen nur von oben belasten und nicht nach außen ziehen. Wieder ist das ungute Gefühl da. Wenn ich mit den Knöcheln meiner Finger gegen den Fels klopfe, höre ich das hohle »Dong« der Felsenfassade.

Unmöglich, einen Haken einzuschlagen.

Jorg, der diese Länge vorsteigt, legt eine Bandschlinge über eine Schuppe und klettert weiter – ein moralisches Placement erster Klasse, denn wenn er fliegt, räumt er die Schuppe garantiert ab. Aber er fliegt nicht, und ich übernehme nach der Schuppenzone die nächste Länge

Es ist schon spät, Nachmittag, und plötzlich ist das Klettern wieder genial. Jorg hat eine leichte Länge, ich eine schwere, 9–, eine wunderschöne, 50 Meter lange Verschneidung aus weißem Granit mit schwarzen Einlagerungen und einem perfekten Riss, dem ich folge. Ich denke nicht mehr an den Sturz, sondern arbeite mich beseelt nach oben, Jorg macht die nächste wunderschöne Länge, dann ich eine geniale Länge, Jorg noch eine, ich noch eine, und dann sind wir oben. Es ist kurz vor 19 Uhr.

Wir sind 15 Stunden ohne Pause geklettert.

Wir hätten von hier aus auch hintenherum über den Gletscher absteigen können, aber wir hatten keine Lust gehabt, die Steigeisen mit raufzuschleppen, also mussten wir unserer Route entlang abseilen. Unser ganzes Material lag schließlich noch am Wandfuß. Wir hatten nur einen Handbohrer mit, um Bohrhaken zu setzen, ein Loch von 5 Zentimeter Tiefe und 8 Millimeter Durchmesser kostete uns 20 Minuten.

Das Abseilen erwies sich als ziemliche Action. Wir seilten uns meistens über Normalhaken, teilweise über Bohrhaken ab, wenn die Normalhaken nicht vertrauenswürdig genug aussahen. Es wurde dunkel. Als wir beim Einstieg ankamen, war es elf Uhr abends.

Über das Schneefeld hinunter, rüber zur Hütte. Der Bub vom Hüttenwirt kam uns schon entgegen, sein Vater war begeistert von unserer Route. Die Küche hatte schon geschlossen, aber er machte uns Gott sei Dank noch etwas zu essen. Ich verschlang ein Kilo Kaiserschmarren und spülte zwei Radler nach, dann gingen wir schlafen. Am nächsten Morgen fuhren wir im Korb der Materialseilbahn bis hinunter zum Forstweg, dort fanden wir die Fahrräder, die wir hier beim Aufstieg versteckt hatten, und rollten hinaus, Richtung »Touristenrast«. Wir dachten nach, welchen Titel wir unserer Erstbegehung geben würden, und einigten uns auf »Desperation of the North-Face«.

Ja. Das war der richtige Ton.

Zu Hause sortierte ich meine Gefühle. Die Tour war ein Hammer, wir hatten etwas Außergewöhnliches hingelegt, und es war ein echtes Erlebnis gewesen. Etwas in mir befand sich aber in Schockstarre. Der Gedanke an den Moment, als sich der Bomberhaken verabschiedet hatte, kehrte permanent zurück, und mit ihm kam die Kälte des Felsens, die in meine Wahrnehmung gesickert war und von dort ein unangenehmes, klammes Gefühl verströmte.

Zuerst dachte ich darüber nach, was wohl passiert wäre, wenn der zweite Haken auch gegangen wäre. Vielleicht wäre gar nichts gewesen, denn fünf Meter darunter saßen noch zwei recht gute Haken, und bei Licht betrachtet hätte wenigstens einer von ihnen halten müssen, und ich wäre nicht, egal in welchem Zustand, auf dem Podest aufgeschlagen, von dem aus Jorg mich sicherte.

Der Schock kam von dem Gefühl, am Ende der Fahnenstange angekommen zu sein. Keine Kontrolle mehr zu haben. Nicht mehr über Möglichkeiten zu spekulieren, sondern zu *wissen*, dass es keinen Ausweg mehr gibt, dass die nächste Wahrnehmung aus Schmerzen bestehen wird, dass du bloß noch alle Muskeln anspannen kannst, um dem Aufprall zu trotzen.

Ich zerlegte meine Gedanken in immer kürzere Sequenzen, wie bei einem Film in Zeitlupe. Die blitzschnelle Reaktion auf den Haken, der nicht hielt – das kann passieren, vielleicht hätte ich ihn nachschlagen sollen. Aber da kam auch schon der zweite Gedanke, ein Tsunami panischer Synapsen: Scheiße, jetzt passiert was. Scheiße, jetzt ist Schluss mit lustig.

Dann der erlösende Ruck, weil der Moralische gehalten hatte.

Ich habe ihn mir nachher noch einmal genau angeschaut. Das dumme Ding wollte einfach nicht raus.

Ich war nicht zum ersten Mal Passagen geklettert, von denen ich wusste, dass ich nicht fliegen darf, und ich hatte mich schon mehrmals sehr plagen müssen, um so eine Stelle zu meistern. Aber ich war zum ersten Mal in so einer Situation geflogen, und der Haken hatte nicht gehalten. Das war bitter. Ich hatte mich am Fels immer sicher, geradezu unsterblich gefühlt, und jetzt war ich zum ersten Mal gestorben, und ich musste schauen, dass ich diese Kälte, die ich nicht gekannt hatte und nie kennenlernen wollte, wieder aus meinem Brustkorb rausbringe. Das war das Ende meiner Unsterblichkeit.

Ich tröstete mich, indem ich wie ein Gebet wiederholte, dass es richtig ist, seinem Gefühl zu folgen. Ich hatte den Haken als gut eingeschätzt. Ich hatte meinem Gefühl vertraut, dem ich immer vertraut hatte, und mein Gefühl sagte mir, dass es okay wäre zu stürzen.

Aber es war nicht okay. Diesmal hatte mich mein Gefühl getrogen.

Ich rekapitulierte die vielen Stürze, die ich beim Sportklettern erlebt hatte. Beim Sportklettern fliegst du dauernd, da gibt es zwei Möglichkeiten, eine Route zu beenden, zwei logische Enden: Fliegen oder Durchsteigen. Ich hielt mir meine Sprünge im Yosemite vor Augen, wo ich in die Friends, die ich gelegt hatte, reingesprungen war wie ein Depperter.

Aber in so einer Wand ist das etwas anderes. Natürlich habe ich keine Angst vor der Höhe. Aber das Ausgesetzte, das Dramatische des alpinen Kletterns, sickert über das Unterbewusstsein in die Wahrnehmung ein, und wenn die sich als Schock manifestiert, wird auch das Risiko greifbar, eine Realität.

Die Begegnung mit der unmittelbaren Gefahr.

Es ist keine Angst, nein, aber Respekt.

Diese Art von Respekt war neu, und sie ist immer noch da. Ich begriff, dass nicht nur das Unbekannte, Neue Respekt gebietet, sondern auch die Herausforderungen, die man nach einiger Zeit guter Kletterei für alltäglich hält. Die Sagwand war mein erster großer alpiner Erfolg, und ich habe das Gefühl, dass mir dieser Erfolg unter die Haut gegangen ist wie kein anderer.

Spaß und Risiko begegnen sich, aber sie bedingen sich nicht.

Eine schöne Linie zu klettern heißt nicht automatisch, dass die Linie auch gefährlich ist, und umgekehrt stimmt das erst recht nicht. Ich genieße die Schönheit des Kletterns, nicht seine Gefährlichkeit. Aber ich bin bereit, Risiken einzugehen, wenn die Route ohne Risiko nicht zu machen ist.

Die Schönheit des Kletterns ist der Wert, der alles bestimmt. Natürlich hat auch die Schwierigkeit ihre Reize, aber niemand sucht sich eine Route aus, nur weil sie schwierig ist. Sie muss logisch sein, sie muss dem folgen, was die Wand vorgibt. Risse, Kamine, Verschneidungen laden ein, sich an ihnen zu orientieren, du musst die Einladung nur annehmen.

Es ist ein Genuss, die Sagwand heute anzuschauen und unsere Linie zu prüfen, wie sie gerade nach oben zieht und oben den logischen Knick bis zum Ausstieg macht. Die Linie ist logisch. Sie leuchtet ein, und das hat für jeden Kletterer etwas Berührendes.

Auch andere Touren in derselben Wand sind großartig, zum Beispiel »Der schiefe Riss«. Er fängt ganz rechts in der Wand an, geht dann im leichten Gelände etwas hinauf, folgt einem Band quer durch die Wand und führt über einen Kamin zum Ausstieg. In der Halle würde man diese Linie nicht als schön bezeichnen. Hier schon.

Risiko gehört zum Klettern wie zu vielen anderen Sportarten und Lebensbereichen. Aber ich fürchte es nicht. Wenn auf dem Cerro Torre Stücke eines Eisturms abbrechen, ist das riskant – wenn man darunter steht. Aber die Eislawine ist auch ungeheuer schön. Sie zeigt, wie winzig unsere Rolle in dem Spiel der Natur ist. Das Risiko kann man kitzeln, herausfordern, reizen. Ich nehme es vorsichtig in Kauf, um das erleben zu können, was ich erleben möchte.

Achtzehn

Der nächste Hubschrauber kam, als ich mit Jorg im Stilluptal unsere Route »Wasserfall Hans« einbohrte. Die Route begann direkt oberhalb eines viel begangenen Wanderwegs. Wenn wir beim Einbohren nach unten schauten, sahen wir regelmäßig Leute dastehen, die uns zuschauten.

»Was machen denn die mit der Bohrmaschine?«

Du hörst die deppertsten Kommentare. »Hängen die ein Bild auf?« Wir wollten die Tour anschließend frei klettern. Unser Zeitplan war ehrgeizig. Wir waren abends mit Jorgs Freundin Katharina verabredet, und weil sie uns nicht zugetraut hatte, die Tour einzubohren und pünktlich am Abend wieder in Innsbruck zu sein, hatten wir eine Wette abgeschlossen. Entsprechend gaben wir Gas.

Es war dunkel geworden. Die Route war eingerichtet. Wir seilten uns mit unseren Stirnlampen ab. Währenddessen kam eine Touristin den Wanderweg entlang, hörte uns reden und sah die Lichter unserer Lampen aufblitzen. Vielleicht kriegte sie auch unsere Flüche mit, weil es uns wie immer zu langsam ging.

»Halloooo«, rief sie von unten.

Aber wir hatten gerade keine Lust auf eine Unterhaltung.

Sie blieb aber hartnäckig.

»Haaaaallooooo«, rief sie wieder mit hoher, bedeutungsschwangerer Stimme. »Brauchen Sie Hilfe?«

»Nein«, riefen wir im Chor zurück, aber das war nicht das, was die Frau hören wollte.

»Brau!Chen!Sie!Hilfe!«, brüllte sie, und da riss Jorg der Geduldsfaden.

»Flieg ab«, rief er hinunter, und ich übersetzte ihr diesen schönen, tirolerischen Wunsch mit einem präzisen »Mach die Fliege!«

Unsere Retterin hörte immer nur »Fliegen«. Also rauschte sie ab und holte den Rettungshubschrauber.

Wir waren fast unten, als wir das Schlagen der Rotoren hörten. Ein Minute später stand der Rettungshubschrauber uns gegenüber in der Luft und leuchtete mit dem Suchscheinwerfer in die Wand, bis der Lichtkegel uns erfasst hatte.

Als ob wir Synchronschwimmer wären, gaben Jorg und ich Antwort: linker Arm nach unten, rechter nach oben. Macht die Fliege!

Der Hubschrauber drehte ab. Wir seilten uns fertig ab.

»Wir haben noch eine Stunde Zeit«, sagte Jorg. »Katha wird schauen.«

Aber kaum waren wir unten angekommen, waren wir es, die etwas zu schauen hatten. Es war nämlich nicht nur der Hubschrauber ausgerückt, sondern ein ganzes Kommando der Bergrettung, dem wir jetzt erklären mussten, was wir bei Dunkelheit in der Wand verloren hatten. Sie meinten, die deutsche Touristin habe uns als »hilflos identifiziert«, aber die Jungs waren schnell davon überzeugt, dass wir kein überflüssiges Risiko eingegangen waren – der eine oder andere hatte schon von uns gehört –, dafür wollten sie mit uns über andere alpinistische Heldentaten plaudern, und als wir uns schließlich verabschieden durften, war die Reservestunde, die wir uns für die Wette gegen Katha erarbeitet gehabt hatten, verbraucht.

Gut, dass wir damit gerechnet hatten zu verlieren. Es ging bloß um Kathas Lieblingsdrink. Einen Malibu. Das Geld, das dafür anfiel, kratzten wir gerade noch zusammen.

Neunzehn

Ich zog Bilanz nach drei Saisonen im Weltcup. Meine erste Saison, 2006, war super verlaufen. Der zweite Platz im Lead-Weltcup war ein fantastisches Ergebnis, wobei – natürlich dachte ich hin und wieder darüber nach, dass ich eine gute Chance vergeben hatte, gleich in der ersten Saison den Gesamtweltcup zu holen. Aber dann erinnerte ich mich, wie großartig Yosemite gewesen war und was mir entgangen wäre, wenn ich, statt nach Amerika zu fliegen, sämtliche Wettkämpfe absolviert hätte. Nein, die Entscheidung war schon okay gewesen.

Ich hatte 2006 ungeheuer viel trainiert, und ich trainierte 2007 nicht weniger. Aber meine Motivation spielte nicht mit. Ich erkannte, dass ich zwischen Erlebnissen am Fels und Ergebnissen in der Halle ein Gleichgewicht herstellen musste. Nur Halle, das reichte mir nicht. Ich gewann zwar die Europameisterschaft in Birmingham und den Lead-Weltcup in Imst, aber ich leistete mir auch kräftige Abstürze und mehrere Wettkämpfe, bei denen ich nicht einmal das Finale erreichte. Gesamtergebnis: nicht berauschend.

In der Saison 2008 lief es deutlich besser. Ich konzentrierte mich in dieser Saison aufs Bouldern, verpatzte zwar den Start in Hall, wo ich nur Dreiundzwanzigster wurde, gewann dafür den nächsten Wettbewerb auf La Réunion im indischen Ozean.

La Réunion war ein Traum. Wir lagen vor dem Wettkampf am Strand in der Sonne, gingen schnorcheln, bewarfen uns mit Sand, aßen unglaublich gute exotische Früchte, ich hab den Geschmack heute noch am Gaumen. Dann gewann ich den Wettkampf vor Kili und Jorg. Ein Traumpodest! Und nachher probierten wir uns durch die Cocktails durch. Irgendwann spät am Abend kamen wir drauf, dass wir unsere Pokale irgendwo liegengelassen hatten, dann mussten wir noch einmal durch alle Bars ziehen – aber gefunden haben wir sie natürlich nicht mehr.

Wenn irgendwer über einen Pokal stolpert, auf dem Weltcup La Réunion, 2. Mai 2008, 1. Platz, steht, soll er ihn bitte postlagernd an mich in Götzens schicken.

Am nächsten Tag Canyoning im »Fleur Jaune«, einem berühmten Wasserfall auf Réunion. Das war das Einzige, was mich etwas enttäuscht hat. Wir ließen uns mit dem Seil durch den Wasserfall hinunter, und abgesehen davon, dass du nass wirst, war es so wie immer, wenn wir uns abseilten. Um sich abzuseilen, muss man nicht nach Réunion.

Ich wurde Dritter in Grindelwald am Eiger, verpatzte den Wettkampf in Vail/Colorado, gewann in Fiera di Primiero/Trentino, wurde in Montauban bei Toulouse Dritter und beim Lead-Weltcup in Chamonix Vierter.

Mir fehlten bloß die Ergebnisse von Hall und Vail, und ich hätte Kilian, der einmal mehr den Gesamtweltcup im

Bouldern gewann, ernsthaft ärgern können. So beendete ich die Bouldersaison auf Platz zwei der Gesamtwertung. Das war okay. Das konnte man mit gutem Gewissen feiern. Wie feiert man besser, als in Chamonix klettern zu gehen?

Kilian Fischhuber, Babsy Bacher, Heiko Wilhelm und ich fuhren am Tag nach dem Lead-Wettbewerb mit der Seilbahn hinauf auf die Aiguille du Midi, 3842 Meter. Von der Bergstation geht man durch einen Tunnel und dann über eine Brücke auf den Nebengipfel. Dort seilt man sich ab, um von unten wieder hinaufzuklettern, eine Route von ungefähr 300 Metern.

Babsy und Heiko waren ein Team, Kili und ich das andere. Ich stellte, bevor wir uns abseilten, mein offenes Haulbag hin: »Haut rein, was ihr mitnehmen wollt.«

Ich dachte mir, dass sie halt das Nötigste reinpacken würden, eine Jacke, was zu trinken, ein paar Müsliriegel. Den Rest konnte man ja bequem oben liegen lassen, und ich hätte das Haulbag von zwei Kilo Zusatzgewicht leicht mit der Hand nachziehen können. Aber die Komiker packten ihr gesamtes Zeug hinein, und plötzlich musste ich einen Sack von 30 Kilo an einer Sechs-Millimeter-Schnur hinter mir herschleppen.

Beim Hinaufklettern ging es Heiko plötzlich schlecht. Er hatte Probleme wegen der Höhe. Babsy musste alles vorsteigen. Weiter oben in der Wand befand sich noch ein Team, das bemitleidenswert langsam war. Einer von ihnen hatte einen Eispickel hinten am Rucksack, und ich weiß noch, dass ich dachte, der Pickel ist verkehrt herum am Rucksack befestigt, machte mir aber keine weiteren Gedanken. Da war ich liberal: Jeder soll seinen Pickel am Rucksack tragen, wie er will.

Ein paar Minuten später, Kili war gerade am Vorsteigen, hörte ich ein helles Geräusch von oben: »Tsinnnnnng.«

Der Pickel.

Er schlug drei Meter über Kili an die Wand, fetzte zwei Meter an seinem Rücken vorbei, ich duckte mich und schrie »Achtung, Pickel!«, dann war das Teil perdu. Seither bin ich nicht mehr so liberal in Fragen der Pickelmontage.

Langsam kamen wir zeitlich unter Druck. Um fünf ging die letzte Bahn ins Tal, und wir waren noch nicht dort, wo wir sein sollten. Der Gedanke, neben der Bergstation biwakieren zu müssen, machte mir schlechte Laune. Ich rief nur kurz: »Kili, Gas geben«, und Kili gab Gas. Wir kletterten die letzten Seillängen also Vollgas, ich war als Zweiter auf dem Gipfel, Kili wartete auf Babsy und Heiko, während ich barfuß über den Schnee zur Bahn hinunterrannte, um die letzte Gondel aufzuhalten: »Wartet! Wartet! Es kommen noch drei!«

Aber die Typen interessierte es nicht ein bisschen, dass noch drei kamen. Sie interessierten sich vor allem für ihren Fahrplan und dass sie selber heimkonnten: »Ihr habt noch eine Viertelstunde. Dann fahren wir.«

Wir schafften es ums Arschlecken. Wir fuhren mit der Bahn hinunter, hungrig, verschwitzt, ausgetrocknet, schmissen unten bloß unser Zeug vor die Talstation und ruhten uns erst mal aus.

Kili holte Bier.

Dann holte noch wer Bier.

Dann holte ich noch Bier.

Am Schluss tanzten wir in Unterhosen durch Chamonix, die Steigeisen an den Füßen, ein Seil um den Bauch gebunden, das riesige Haulbag im Schlepptau, und wollten noch auf einen Sprung ins Casino gehen. Die ließen uns aber nicht rein. Wir seien nicht passend angezogen. Spießer.

Ich startete später im Jahr noch bei einem Lead-Weltcup, beim Heimwettkampf in Imst. Ich hatte genau dreimal trainiert, und unter normalen Umständen hätte ich maximal ins Halbfinale kommen dürfen. Aber es lief mir gut hinein. Ich kam nicht nur ins Halbfinale, sondern gewann den Wettkampf sogar, und mit dem Wettkampf gewann ich auch die kombinierte Weltcup-Gesamtwertung von Lead und Bouldern, vor meinem Freund Jorg.

Schließlich stand in Paris noch die Verteidigung meiner Europameistertitel in Lead und Bouldern auf dem Programm. Aber es kam nicht dazu. Bei einem Versuch, unser Projekt, eine freie Route durch die fast 1000 Meter hohe Wand des Monte Brento, in der Nähe von Arco, einzurichten, blieben Jorg und ich eine Nacht lang bei Regen und Kälte im Hüftgurt hängen, und mich erwischte das Pfeiffer'sche Drüsenfieber. Das legte mich für einen Monat flach, inklusive Europameisterschaft.

Zwanzig

Ich blätterte im amerikanischen Klettermagazin *Alpinist* und sah das Foto einer Wand, die mir gefiel. Cerro Trinidad, Cochamó Valley, Chile, sagte die Bildunterschrift. Patagonische Anden, 1000 Kilometer südlich von der Hauptstadt Santiago de Chile. Nicht gerade um die Ecke, aber in mir erwachte ein Gefühl, das sagte: Fuzzy, diese Wand solltest du persönlich kennenlernen. Irgendwann musst du da hin.

Ich telefonierte ein bisschen rum. Jorg und Katharina hatten für Weihnachten einen Trip vor, aber sie wussten noch nicht, wohin. Sie wollten nicht Sportklettern gehen, sondern etwas Abenteuerliches machen, und als ich ihnen die Fotos von Cochamó durchschickte, waren sie sofort begeistert und sagten zu.

Cochamó ist kein altes Klettergebiet. Man klettert dort erst seit vielleicht zehn, fünfzehn Jahren. Dabei hat das Gebiet – jetzt einmal abgesehen von der Erreichbarkeit – durchaus das Potenzial, das Yosemite Chiles zu werden. Es sind etwa 50 Touren beschrieben, das heißt: Wer ein Herz für Erstbegehungen hat, wird in Cochamó auf seine Kosten kommen.

Wir recherchierten. Unterkunft, Transport, Verpflegung. Wir checkten den Flug von München nach Santiago de Chile, den Inlandsflug nach Puerto Montt an der Nordgrenze Patagoniens, den Bus, mit dem es von Puerto Montt in Richtung Klettergebiet weitergehen sollte.

Die anderen Weltcupkletterer hörten natürlich von unserem Plan. Zuerst fragten Babsy und Heiko, ob sie mitkommen könnten. Klar konnten sie. Zuletzt stieß noch Hansjörg Auer dazu.

Babsy arbeitet als Spenglerin und Glaserin. Sie ist eine vielseitige Kletterin, klettert Weltcups in Vorstieg und Bouldern, außerdem lacht sie viel. Wo sie ist, ist es lustig. Heiko ist ihr Freund. Er arbeitet als Coach des österreichischen Kletternationalteams, das er mit einem Kollegen mehr oder weniger allein schupft, außerdem ist er ein erstklassiger Fotograf.

Hansjörg aus dem Ötztal ist ein Alpinist, wie man sich einen Alpinisten vorstellt. Er hatte im selben Jahr etwas vom Spektakulärsten gemacht, was du dir nur vorstellen kannst: Er war in Südtirol den »Fisch« free solo geklettert. Der Fisch ist eine extrem glatte und anspruchsvolle Route in der Marmolada-Südwand, 37 Seillängen, bei denen du kaum etwas zum Anhalten findest. Hansjörg war die Route ohne Seil, also ohne Sicherung gegangen. Nichts für mich, aber auf jeden Fall: Respekt.

Der Flug war elend lang. In Puerto Montt, einer kleinen, bunten Stadt am Meer, rasteten wir erst einmal und kauften jede Menge Essen. Wir erkundigten uns, was man in Cochamó auf keinen Fall versäumen dürfe, und die Antwort war interessant: »Die Pumas.«

Heiko bekam sofort eine Gänsehaut.

»Du hast doch eine Machete, oder, Fuzzy?«

Stimmt, ich hatte mir in München in einem Outdoor-Ausrüstungsladen eine Machete gekauft – und ein Satellitentelefon. Allein das Satellitentelefon war so schwer, dass man damit einen Puma erschlagen konnte.

Außerdem erzählten uns die Typen noch von gefährlichen Spinnen und fleischfressenden Pflanzen, und schön langsam wurden die Gefahren so zahlreich, dass wir ihnen die Sache nicht mehr abkauften. Trotzdem konntest du echt zuschauen, wie dem Heiko die Farbe aus dem Gesicht fiel. Ich dachte mir, ich glaub das mit den Pumas erst, wenn ich den ersten sehe, und so war es dann auch. Weder Pumas noch Spinnen noch fleischfressende Pflanzen fielen über uns her – dafür umschwirrten uns ununterbrochen riesige Tabanus, beißende Fliegen, die uns mehr quälten, als es je ein Puma geschafft hätte.

Am nächsten Tag fuhren wir mit dem gecharterten Bus drei Stunden in die Wildnis. Die Straßen wurden immer schlechter, zum Schluss ratterten wir mit dem bemitleidenswerten Transporter über einen Weg aus Geröll und kamen zu einer Ranch, wo es Pferde gab. Wir entließen den Bus. Das Gepäck wurde auf die Pferde verladen. Wir marschierten los. Jeder von uns musste nur noch einen kleinen Rucksack tragen.

Wir marschierten stundenlang durch den Urwald. Über uns hing fett und üppig das tiefe, feuchte Grün der Vegetation. Es war gar nicht anstrengend zu gehen, aber alles war nass. Du wusstest nicht, ob du schwitzt oder ob die Luftfeuchtigkeit so hoch war – wahrscheinlich beides.

Heikler war die Frage, ob wir richtig am Weg waren. Alle versuchten ununterbrochen irgendwo eine Wand zu erspähen, aber nichts war zu sehen. Im Gegenteil, über uns wuchs das Grün zusammen, und wir sahen überhaupt nichts mehr von der Landschaft, wir gingen nur. Manchmal Abzweigungen nach links oder rechts, aber wir blieben auf unserem Weg – er war so gut wie jeder andere Weg. Eine Stunde im grünen Tunnel. Noch eine. Langsam wurde die Gruppe unruhig. Schön blöd: ans Ende der Welt zu reisen und die Wände, die man machen will, nicht finden.

Dann plötzlich Licht. Wir traten aus dem Urwald, und vor uns tat sich ein breites, wunderbares Tal auf. Die Wolken waren verschwunden, und die Sonne beleuchtete die großartigen Granitwände, die links und rechts von uns in die Höhe wuchsen.

Sofort verwandelte sich die Mundfaulheit des rhythmischen Marschierens in fröhliches Geplapper, so als hättest du ein Rudel Kinder mit verbundenen Augen auf einen Riesenrummelplatz geführt, wo alles umsonst ist, und jetzt streiten sie sich darum, mit welcher Bahn sie zuerst fahren sollen: Da will ich hinauf, nein, dort, schau, dort hinten …

Das war es für uns: ein überdimensionaler Spielplatz. Ein Spielplatz, auf dem es Spielzeug ohne Ende und für alle gibt, und du darfst dich richtig austoben. Darfst Feuer machen und Bäume abschlagen. Kannst in einen wunderschönen Fluss mit klarem Wasser schwimmen gehen, oder sagen wir: die Füße hineinhalten. Denn zum Schwimmen war es selbst für die ganz Harten von uns etwas zu kalt.

Schlaraffenland.

Wir drückten aufs Tempo, um zu unserem Refugio zu kommen. Wir brauchten noch eine Stunde, eine Stunde voller Pläne und Spinnereien. Wer selbst nicht klettert, hat keine Ahnung, wie eine Wand aus Granit sich auf die Psyche von ein paar Kletterern auswirkt. Was sie sehen und was sie fühlen, worüber sie reden und was es bedeutet, wenn sie so mit den Händen herumfuchteln.

Das Refugio, in dem wir uns die nächsten Wochen aufhalten wollten, war ein schmucker Pfahlbau. Als wir ankamen, begrüßten uns Daniel, ein Amerikaner, und seine argentinische Frau. Die beiden lebten hier am Arsch der Welt während des ganzen Sommerhalbjahrs, mit ihrem Kind, das unpassenderweise den Namen Zen trug. Jorg nannte es immer den »Zenmaster«, dabei war Zen die Hölle von einem Kind, ungeheuer nervig. Er hatte immer ein Stück Holz in der Hand, mit dem er über den Tisch schleifte und laut einen Hobel nachmachte – mir läuft noch heute eine Gänsehaut über den Rücken, wenn ich daran denke. Sobald Zen jedoch den Mund hielt, war es großartig im Refugio. Friedlich und schön.

Wir schmissen die Rucksäcke ins Quartier, dann machten Jorg und ich uns auf den Weg, Wände schauen.

Zuerst scannten wir die Wände mit Daniels Teleskop. Suchten Linien aus, verglichen sie mit den Topos, untersuchten eine Wand nach der anderen auf den Spaß hin, den wir mit ihr haben würden. Wir konnten es buchstäblich nicht erwarten. Marschierten am selben Tag noch ein Stück in eines der Nebentäler hinein, um dem Fels näher zu sein. Am nächsten Tag gingen wir mit dem gesamten Gepäck los, wir hatten uns beim abendlichen Pow-Wow darauf geeinigt, zuerst den Cerro La Junta zu versuchen.

Wir waren mit der Erwartung aufgebrochen, der Fels würde so ähnlich sein wie im Yosemite. Aber wir wurden bitter enttäuscht. Statt der perfekten Risse, die wir uns erhofft hatten, fanden wir Felsen vor, die von urzeitlichen Gletschern rund und glatt poliert worden waren. Auf vielen Felsen klebte Moos und anderer Dreck. Hansjörg und ich mussten das erste Projekt, das wir uns vorgenommen hatten, abbrechen, bevor wir es richtig gestartet hatten.

Wir mussten die Routen aus einer anderen Perspektive anschauen und neue Kriterien einbeziehen. Wuchs zum Beispiel über den Wänden Buschwerk und andere Vegetation, bedeutete das, dass Dreck in der Wand sein würde, den man wegputzen muss. Diese Wände kamen dann schon nicht mehr infrage für uns, wir waren zum Klettern hier und nicht zum Putzen. Außerdem mussten wir die Wände danach beurteilen, wie sie von den gigantischen Gletschern beeinflusst worden waren. Die Wände, die auf den ersten 300, 400 Metern glatt geschliffen worden waren, konnte man kaum klettern. Ab der Höhe, die der Gletscher nicht erreicht hatte, warteten freilich schöne Risse.

Wir mussten lernen, den Berg neu zu lesen. In einer Fremdsprache. Wir mussten uns damit abfinden, dass der polierte Granit kaum Absicherungen zuließ, aber wir hatten trotzdem einen Riesenspaß. Sobald wir uns an die Verhältnisse gewöhnt hatten, kletterten wir super Routen, darunter sechs Erstbegehungen – bei zwei von ihnen war ich dabei.

Mit Hansjörg und Heiko kletterte ich »Meataholic« am Cerro Trinidad Sur, mit Katharina eine freie Version von »Mucho Mucho Granito Arriba«, eine über 1000 Meter lange Route am Cerro Trinidad. Das war der Berg, den ich im *Alpinist* gesehen hatte. Daniel gab der Route den Namen »Footsy Variation«.

Wir schliefen im Freien. Wir kochten über dem Lagerfeuer und genossen die Wildnis. Nur Heiko kriegte die Sache mit den Pumas nie ganz aus dem Hinterkopf.

Am Weihnachtstag marschierten wir bei strömendem Regen durch den Dschungelhohlweg hinaus, der Transporter holte uns ab und brachte uns nach Puerto Montt. Katha ging es nicht besonders gut, sie legte sich ins Hotel. Wir machten in einer Bar Rast, um einen Tee zu trinken. Irgendwann fiel mir ein, dass wir Heiligabend hatten. Zur Feier des Tages bestellte ich einen Gin Tonic, und Jorg bestellte sich auch einen.

Wir prosteten einander zu und tranken ein bisschen. Auf einmal starrte mich Jorg mit großen Augen an.

»Was ist los?«

»Du bist so … rot …«

Mein Blick fiel auf meine Hände. Rot wie ein Hummer.

Ich schaute in den Spiegel hinter der Bar. Das Gesicht, als wäre ich im Solarium eingeschlafen. Ich hob das

T-Shirt, ich zog meine Socken aus: mein ganzer Körper war knallrot.

»Soll ich dich ins Spital bringen?«, fragte Jorg, der schon ein bisschen beschippert war.

Ich lehnte großzügig ab. Ich war zwar rot wie ein Schlumpf blau, aber ich fühlte mich nicht schlecht. Tatsächlich verschwand die Farbe eine Viertelstunde später wieder, zuerst aus dem Gesicht, dann von Händen und Füssen, zuletzt war nicht einmal ein feines Rosa übrig.

»Du hast eine Gin-Tonic-Allergie«, behauptete Jorg.

»Hab ich nicht!«

»Wetten?«, fragte Jorg.

»Jederzeit«, antwortete ich.

Es war dann keine Gin-Tonic-Allergie. Erprobt und bewiesen.

Einundzwanzig

Ich fuhr zur Weltmeisterschaft nach China, um dort zu gewinnen. Der Wettkampf in Qinghai war eindeutig mein sportlicher Saisonhöhepunkt des Jahres 2009. Ich hatte in dieser Saison bisher nur in Hall und Wien an Boulder-Weltcups teilgenommen, war einmal Siebter und einmal Dreizehnter geworden. So konnte das nicht weitergehen.

Die Erlebnisse in den großen Wänden hatten immer mehr dazu beigetragen, meine Konzentration auf das Training in der Halle zu stören. Ich kletterte nach wie vor gern in der Halle, aber wenn draußen das schönste Wetter war, konnte ich mich manchmal nicht überwinden, zum Training zu gehen. Stattdessen fragte ich mich immer, was ich denn an so einem Tag in der Halle zu suchen hatte.

Klettern ist mehr als ein Sport. Klettern ist Philosophie. Eine Lebenshaltung. Ich habe Klettern als Beruf und Lebensinhalt gewählt, weil mir dieser Sport mehr gibt als ein normaler Sport. Klettern erzählt von Freiheit. Wer klettert, trifft seine eigenen Entscheidungen, sucht sich seine Projekte aus und entscheidet selbst, welche Risiken er eingeht – in jeder Hinsicht.

Als ich mit dem Klettern begann, reichte mir das Erlebnis in der Halle, um zufrieden und erfüllt zu sein. Es dauerte aber nicht lange, bis ich mich am echten Fels wohler fühlte als an den geschraubten Griffen. Als ich meine ersten anspruchsvollen Touren ging, mit Daniel und Jorg Dinge erlebte, die ein Geschenk der Natur und des gemeinsamen Wahnsinns waren, rückte das alpinistische Klettern mir immer mehr ans Herz. Wieder begegnete mir das Motiv der Freiheit: die Freiheit, mir auszusuchen, wo ich klettere, drinnen oder draußen, in der Halle oder mit meinen Freunden in den großartigen Wänden der Welt.

Der deutsche Kletterer Wolfgang Güllich sagte einmal: »Zum Klettern gehört auch Kaffeetrinken.« Er meinte damit, dass das Rundherum genauso Teil des Sports ist wie der Sport selbst. Was man mit den Kollegen gemeinsam erlebt. Beschwerliche Anreisen. Langweilige Flughäfen. Verschwundenes Gepäck. Improvisationen. Die Tage nach dem Wettkampf, an denen wir irgendwohin fahren und klettern gehen. Immer wieder Spaß. Spaß an den einmaligen Situationen, die wir erleben.

Umgekehrt ist es natürlich ein außerordentliches Gefühl, einen Wettkampf zu erleben, bei dem es dir so richtig hineinläuft. Du merkst schon beim Aufwärmen, wie stark du heute bist und wie heiß aufs Klettern. Die Bewegungen sind sicher, die ersten Schwierigkeiten schmelzen richtig vor dir weg, und wenn die Leute unten in der Halle Allez, Allez schreien und du zielstrebig zum Topgriff unterwegs bist, wenn du weißt, dass heute keiner mehr so weit kommt wie du, und wenn der Wirbel immer lauter wird bis zum furiosen Schlussapplaus, dann ist das ein

Gefühl, das sich sehr gut als »Glück« beschreiben lässt. Das Glück, das nur der Sport herzaubert.

Ich verstehe Klettern nicht nur als reinen Sport. Ich freue mich über das Ganze. Schon im Jugendeuropacup war es für mich wichtig, neue Länder zu sehen, gute Leute kennenzulernen, Zeit mit ihnen zu verbringen und die gemeinsame Leidenschaft zu teilen.

Das Wettkampfklettern ist inzwischen sehr auf den Sport reduziert. Der Tross reist zwar um die Welt, aber ohne die Welt zur Kenntnis zu nehmen. Das ist mir zu wenig. Der Wettkampf ist wichtig für mich, keine Frage. Aber ich empfinde meine Wettkämpfe immer mehr auch als Arbeit.

Die Professionalisierung raubt meiner Sportart oft den Zauber. Sie fordert den Sportler bis an seine Grenzen. Sie verlangt von uns, so gut wie täglich zu trainieren. In meiner ersten Weltcupsaison war ich sieben Mal pro Woche in der Halle, jeweils dreieinhalb bis vier Stunden lang. Man kann sich leicht ausrechnen, wie viel Zeit dafür bleibt, etwas anderes zu tun.

Die Luft wird dünner. Klettern wird immer internationaler. Noch kommen die meisten Athleten aus Europa, aber aus Amerika und Asien drängt immer mehr Nachwuchs in die Wettbewerbe, ehrgeiziger, talentierter Nachwuchs. Es klingt bizarr, wenn ich, als 20jähriger, von den »Jungen« spreche, die auftauchen. Aber es gibt so viele 15-, 16jährige, die genauso hungrig, wie ich es war, in die Wettkämpfe einsteigen und nur ein Ziel haben: Erfolg. Gute Ergebnisse. Dafür ziehen sie buchstäblich in die

Kletterhalle ein, um mehr und noch immer mehr trainieren zu können.

Wenn ich bei Gelegenheit sage, dass sich das Klettern in eine falsche Richtung entwickelt, dann verstehen mich meine Freunde sofort. Jorg und Kilian, Katharina, die Babsy Bacher, sie alle sehen die Wettkämpfe als Teil eines großen Ganzen, nicht als Selbstzweck. Wir schauen mit Vorbehalt auf die Eltern, die ihren Kindern – unseren Konkurrenten – die Sporen geben, damit sie einmal einen Weltcup gewinnen. Das ist nicht mehr das Klettern, wie ich es kennengelernt habe. Aber es ist das Klettern, das Schule macht.

Im Licht dieser Veränderungen wird Wettkampf zu Arbeit.

Wenn ich in die Halle klettern gehe, sage ich: »Ich gehe trainieren.«

Wenn ich am Fels klettern gehe, sage ich: »Ich gehe klettern.«

Ich mache da für mich einen Unterschied. Training ist dafür da, Ziele zu erreichen. Muss sein. Logisch. Ich muss auch trainieren, um meine Ziele beim Klettern am Fels zu erreichen. Aber ich muss mich auch fragen, wie viel es mir wert ist, beim Wettkampf gut abzuschneiden. Ganz vorne dabei zu sein.

Das soll nicht nach Ausrede klingen, denn natürlich will auch ich meine Arbeit gut erledigen. Das bin ich meinen Sponsoren schuldig, aber auch mir selbst. Wenn ich gut trainiert habe, weiß ich, dass ich bei jedem Wettkampf ins Finale kommen kann – und im Finale ist dann alles möglich. Außerdem bin ich stur. Wenn ich will, kann ich.

Ich setzte mir also in den Kopf, in China Weltmeister zu werden oder mindestens auf dem Podest zu stehen.

Bevor ich nach China flog, trainierte ich hart und konsequent. Ich fühlte mich gut. Ich ging gut vorbereitet auf die lange Reise. In Qinghai, im zentralen Norden Chinas, waren wir in einem Jugendsportheim untergebracht, eine halbe Stunde außerhalb des Zentrums. Qinghai ist eine Zumutung von einer Stadt. Häuser für eine Million Menschen auf einer Hochebene, wo nichts ist, gar nichts. Hochhäuser im Zentrum, eng gedrängte Wohnsilos rundherum. Riesige Supermärkte, die brutal in die Häuser hineinoperiert sind. Gestank. Dreck. Wilde Autobahnen mit tiefen Schlaglöchern, die von den Fahrern einfach ignoriert werden.

Wir waren schon eine Woche vor dem Wettkampf angereist, um uns zu akklimatisieren. Wir wussten, dass wir bei allem, was wir aßen und tranken, gut aufpassen mussten, denn die hygienischen Zustände in der riesigen Kantine, aus der wir verpflegt wurden, waren nicht besonders appetitlich.

In der Qualifikation lief alles nach Wunsch. Ich kletterte mit einer souveränen Leistung ins Halbfinale. Ich fühlte mich stark. Die Motivation war mächtig. Ich spürte sie wie einen Turbo, der mich die Wand hochschob.

Halbfinale und Finale wurden zwei Tage später ausgetragen. In diesen beiden Tagen wurde ich krank. Durchfall. Statt mich auf den großen Tag vorzubereiten, saß ich auf dem Klo.

Aber es hatte nicht nur mich erwischt. Das halbe Feld der Halbfinalisten fühlte sich gerade genauso elend wie ich. Ich trank Tee, um mich zu erholen, aber ich war schwach und wacklig. Wenn man bei der Lead-WM irgendetwas nicht sein sollte, dann schwach und wacklig.

Am Morgen des Halbfinales rief mich Peter aus Imst an und sagte: »Du schaffst das, Fuzzy. Scheiß dich nix.«

Leicht gesagt, Peter.

Ich ging ins Halbfinale, kletterte wie der erste Mensch und hatte ein Riesenglück. Einige ganz starke Konkurrenten, die mich unter normalen Umständen an diesem Nachmittag deklassiert hätten, flogen schon nach vier, fünf Metern aus der Wand. Ich schaffte die Qualifikation fürs Finale auf dem siebenten und vorletzten Platz.

Als ich zum Finale aufgerufen wurde, beschloss ich, nicht mehr krank zu sein. Mein Körper wusste zwar nichts davon, aber mein Kopf meinte es so ernst, dass der Körper einfach mitmachen musste. Ich ging ans Eingemachte, an die Reserven, die du nur mobilisierst, wenn sie wirklich nötig sind. Mir war egal, ob ich mich überanstrengte, ob ich halbtot von der Wand fallen und für ein paar Wochen außer Gefecht sein würde.

Ich wollte gewinnen.

Dafür war ich nach China gereist, in diese furchtbare, gesichtslose Stadt.

Ich kletterte besser, als ich oft gesund geklettert war, und ging erst zwei Griffe vor dem Topgriff ab.

Dritter Platz, Bronzemedaille.

Patxi Usobiaga war Weltmeister, Adam Ondra Zweiter.

Ich war happy, und ich freute mich für Patxi, der schon dreimal bei Weltmeisterschaften Zweiter geworden war. Aber statt mit ihm zu feiern, ging ich erst mal aufs Klo.

Zweiundzwanzig

Als wir aus China zurückgekommen waren, erholten Jorg und ich uns, indem wir in die Martinswand einstiegen. Die Martinswand ist der südwestliche Abschluss des Karwendelgebirges. Wir wollten die Schlüssellänge der Route »Das Dach« versuchen.

Am selben Abend fand die Ehrung der WM-Teilnehmer statt, deshalb planten Jorg und ich eine Stunde früher abzuseilen. Passenderweise blieb das Seil beim Abziehen hängen, und im selben Augenblick begann es zu regnen, so dass wir völlig durchnässt und dreckig unten ankamen, zum Auto rannten und direkt in die Stadt fuhren, wo die Honoratioren mit den Plaketten für die vorbildlichen Tiroler Sportler warteten. Natürlich hatte ich keine Kleider zum Wechseln im Auto, und ich kam nicht nur zu spät, sondern gab insgesamt eine wenig preiswürdige Erscheinung ab. Mein Wet-and-Dreck-Look hatte freilich auch Vorteile. Am Buffet konnte ich mich mutterseelenallein bedienen, weil alle in ihren Sonntagskleidern Abstand hielten.

Tags darauf fuhren Jorg, Katharina, ihre Schwester Franziska, deren Freund Giggo und ich nach Arco hinunter. Am Wochenende stand in Chamonix der erste Lead-Weltcup des Jahres auf dem Programm. Jorg und ich wollten uns vorher noch einmal den Monte Brento anschauen, unser großes Projekt. Die stark überhängende Wand ist fast 1000 Meter hoch, und durch die Mitte führte noch keine frei gekletterte Route. Wir hatten das Projekt bereits im Vorjahr begonnen und wollten die oberen Längen ein bisschen genauer unter die Lupe nehmen.

Sonne, schönes Klettern, nette Leute.

Perfekte Sommertage.

Am nächsten Tag brachen Jorg und ich nach Chamonix auf. Wir nahmen die Straße durch das Aostatal, und als wir auf der Autobahn aus dem Fenster schauten, fiel uns eine Wand auf. Sie sah nett aus. Das Wetter war schön. Wir hatten eh noch Zeit, also fuhren wir bei der nächsten Gelegenheit raus, kauften uns am Straßenrand noch die blödesten Sonnenbrillen, die wir kriegen konnten, und kletterten dann eine geniale 400-Meter-Route. Fünfter, sechster Grad, Sonne, schöner geht's gar nicht. Oben posierten wir als Blues Brothers. Dann seilten wir uns ab und fuhren weiter nach Chamonix.

Im Auto bekräftigten wir, dass wir nach dem Wettkampf in Chamonix bleiben würden, um die Petit Dru zu versuchen. Die Dru hatten wir immer schon einmal klettern wollen: eine wunderschöne Nadel aus Granit, 3733 Meter hoch, eine herausfordernde Silhouette, rund zwanzig Kilometer von der Schweizer Grenze entfernt in den französischen Alpen.

Ich hatte dafür vier Tage Zeit. Dann musste ich weiter nach Zürich, um von dort zum Mammut-Teamtrip nach Kirgistan zu fliegen.

Der Wettkampf lief gut. Ich war entspannt, ausgeruht und gut drauf und nahm den Schwung der Weltmeisterschaft mit in den Weltcup. Leider war Patxi Usobiaga genauso gut in Form wie in China. Er gewann nach der WM auch noch den Weltcup in Chamonix, während ich wie in China Dritter wurde.

Den ersten Tag nach dem Wettkampf verwendeten wir dafür, uns nach einer phänomenalen Abschlussparty richtig auszuschlafen.

Kein Problem, draußen regnete es.

Am nächsten Tag regnete es noch immer.

Aber tags darauf schlug das Wetter um, es wurde schön, und wir nahmen die Zahnradbahn nach Montenvers, um von dort zu unserem Biwakplatz zu gehen. Der Wetterdienst sagte für den ganzen Tag stabiles Schönwetter voraus. Erst zwei Tage später war eine Schlechtwetterfront angekündigt.

Unser Plan war: zur Wand zusteigen, biwakieren, Gepäck unten liegen lassen, damit wir nicht mit dem Riesenrucksack durch die Wand müssen, Wand erledigen, biwakieren, hinten runtergehen, Gepäck holen, zurück nach Montenvers, runter nach Chamonix, basta.

Tatsächlich fanden wir ein supernettes Biwak nahe der Wand, lagen in den Schlafsäcken, kochten uns eine Travellunch-Mahlzeit, die uns satt und zufrieden machte, und schliefen entspannt und gut.

Am nächsten Morgen stiegen wir mit den Steigeisen über ein Schneefeld bis zur Wand. Suchten nach der richtigen Einstiegsstelle, die auf unserem Topo nicht besonders gut beschrieben war, und verkletterten uns prompt. Die erste Seillänge passte noch gut, bei der zweiten wussten wir plötzlich nicht mehr, wo wir waren, und die dritte war schon richtig kritisch – eine Plattenstelle, vielleicht im Schwierigkeitsgrad 8–, wo man nicht fliegen durfte. Plötzlich war ich aber wieder in der Tour drinnen, und von da an kamen wir superschnell voran.

Die Tour auf die Petit Dru hat einen speziellen Punkt beim sogenannten »Klemmblock«. Es heißt, dass man hier noch gut umdrehen kann, aber später nicht mehr. Die meisten Seilschaften klettern nicht weiter als bis hierher, weil die Route »American Direct« von einem gewaltigen Bergsturz betroffen war. Aber wir wollten nicht umdrehen, waren gut in der Zeit, kletterten weiter und wechselten die Spur mit einem weiten Seilpendler nach rechts, mit dem wir eine spiegelglatte Platte überquerten. Die Platte wäre bestimmt auch frei zu klettern, aber der Pendler war die klassische Variante, und das hatte, fanden wir, auch Stil. Jetzt stieg ich zwei Längen in einem durch voran, und dann übernahm Jorg.

Ich stand unter einem kleinen Dach und konnte ihn nicht sehen. Ich dachte mir bloß, warum er nicht endlich Stand macht. Es dauerte und dauerte, dann kam endlich der Ruf von oben.

»Stand, Fuzzy«.

Ich kletterte nach.

Als ich neben ihm stand, sagte Jorg: »Ich weiß ja nicht, ob das gescheit ist, wenn wir weitergehen.«

Mit dem Kinn deutete er auf die Narbe des gewaltigen

Abbruchs von 1997, der einen guten Teil der Westwand mit der klassischen Route von Walter Bonatti ausradiert hatte.

Ich kontrollierte das Terrain mit den Augen. Es schaute nicht gerade gut aus, aber ich hatte keine Lust, umzudrehen. Außerdem wäre das Umdrehen ein Krampf gewesen.

»Ich probier's«, sagte ich, dann war ich schon im Fels, was heißt Fels: es war Kies, der in einer Art Lehm steckte, lose und porös. Es war steil, und es gab beim besten Willen nichts, wo ich mich hätte sichern können. Aber ich kletterte über die Stelle drüber, machte Stand und sicherte Jorg nach. Jorg wollte die nächste Seillänge vorsteigen, drehte aber nach fünf Metern um, weil ihm die Sache zu heikel wurde. Es war eine Platte, vielleicht im Schwierigkeitsgrad 8 –, die ich mir zutraute und durchstieg, dann war ich wieder in der alten Tour, die keine Probleme machte.

Zwischendurch hörten wir wieder das vertraute Geräusch: Hubhubhubhub. Helikopterrotoren. Jemand musste uns beobachtet und die Bergrettung alarmiert haben. Linker Arm nach unten, rechter nach oben. Bon soir.

Etwa um neun Uhr abends waren wir auf dem Gipfel. Unser Plan: ein Biwak aufschlagen, uns für die zum Teil grausliche Kletterei mit einem Sonnenaufgang belohnen, anschließend absteigen und von unten zuschauen, wie zu Mittag das angekündigte Schlechtwetter ankommt.

Die Wand, die wir geklettert waren, schaute nach Westen, im Gipfelbereich dreht sie nach Norden. Wir wussten, dass der Abstieg etwa einen halben Tag dauert und sauschwer zu finden ist.

Der Blick vom Gipfel war genial. Es war noch hell, aber das Licht wurde schon weich und zeichnete die Konturen der Gipfel blau und gelb. Was wir im Südosten sahen, war freilich alles andere als romantisch: Wolken. Riesige, schwarzgelbe Cumulonimbus. Gewitterwolken.

Als wir gerade begannen, trotzdem nach einer Biwakstelle zu suchen, piepste mein Telefon, das hier, weiß Gott warum, Empfang hatte.

»Wetter schlecht. Macht, dass ihr runterkommt«.

Absender: Florian von Red Bull.

Florian, Athletenbetreuer bei Red Bull und selbst ein Kletterer, hatte mich wie immer zum Weltcup begleitet und war nach dem Wettkampf mit einem Kollegen eine andere Tour gegangen. Er hatte sicher die neueste Wettervorhersage gehört, sonst hätte er uns nicht alarmiert. Florian war ein absolut verlässlicher Partner, der die Situation mit Sicherheit richtig einschätzte. Wir warfen also unsere Entscheidung um, denn so wie es aussah, wurde es eh nichts mit dem Sonnenaufgang. Lieber in der Nacht abseilen, solange das Wetter hält, als in der Früh, wenn's grausig wird. Klang vernünftig, stellte sich aber als überflüssiges Nachdenken heraus: Denn am Ende waren wir nachts unterwegs, *und* das Wetter war so grausig wie nur irgendwas.

Wir seilen uns auf der anderen Seite des Gipfels über die Südwand ab und kommen auf einen Grat mit dem hübschen Namen Flammes de Pierre, Flammen aus Stein.

Alles geht glatt, wir sehen sogar noch genug, um die Stirnlampen nicht einschalten zu müssen. In der Wand hängen bereits einige Schlingen früherer Seilschaften. Wir benützten jede, die wir erwischen, um ohne Zeitverlust abzuseilen. Nur wenn keine Schlingen in der Nähe sind, fackeln wir nicht lange und legen selbst welche. Langsam wird es wirklich dunkel. Es beginnt zu regnen und es dauert nicht lange, bis der Regen in Hagel übergeht.

Nach den Flammes de Pierre müssen wir noch rund 200 Meter abseilen, aber nicht weiter, denn darunter wartet eine 500 Meter hohe, spiegelglatte Wand, in der man weder vor noch zurück kann. Stattdessen gilt es, die Querung nach rechts Richtung Gletscher zu erwischen, über kleine Podeste, wo eines so ausschaut wie das andere. Der Weg ist schwer zu erkennen, und absolute Dunkelheit hilft beim Suchen einer versteckten Route auch nicht besonders.

Bald wissen wir nicht mehr, ob wir richtig unterwegs sind.

Wir wissen überhaupt nicht mehr, wo wir sind.

Die Stirnlampen beleuchten ungefähr hundert Meter, plusminus. Das reicht nicht in einer Wand, die ewig breit ist. Wir wissen, dass wir uns nicht zu weit abseilen dürfen, weil wir sonst ernsthaft in der Scheiße sitzen. Über ein Schneefeld, unter dem Wasser fließt, queren wir nach rechts, bis wir auf einem breiten Podest stehen, das etwa einen Meter breit ist und von dem es zwar nicht senkrecht, aber noch immer ziemlich steil in die Tiefe zieht. Beide sind wir ungesichert. Wir wollen das Seil abziehen und dann ein paar Meter nach rechts queren, wo wir den nächsten Abseiler erwarten.

Schräg über uns ein Felsturm. Ich bin gerade dabei, das Seil abzuziehen, als Jorg schreit: »Achtung, Stein!«

Wir sprinten blitzartig unter den Turm, so gut man halt nachts in einer Wand sprinten kann, dann kommt schon der Steinschlag. Ein Stein erwischt mich am Helm, ein schiaches Geräusch, ein anderer Stein kracht mir ins Kreuz und einer trifft den Pickel, der außen am Rucksack befestigt ist.

Scheiße. Mir tut das Kreuz weh, und ich habe meinen Helm noch gar nicht gesehen. Er hat einen Sprung, das will etwas heißen. Der Helm hält nämlich einiges aus. Aber ein faustgroßer Stein, der ein paar hundert Meter gefallen ist, bringt ganz schön Wucht mit.

Ich lausche in die Nacht. Nichts.

Nach dem Knurren und Husten des Steinschlags jetzt schaurige Stille. Nur der Regen rauscht.

Wir warten. Kommt etwas nach?

Blöde Frage, klar kommt etwas nach. Aber wann? Und wo? Ich wage mich zurück zum Seil, um es weiter abzuziehen, und durch puren Zufall kommen wir zurück auf die richtige Route – im Grunde haben wir zweimal etwas falsch gemacht. Wir haben sowohl das Wetter unterschätzt als auch den Abstieg. Aber die beiden Fehler ergänzen sich zu einem Glücksfall. Minus mal minus ist eben auch in den Bergen plus. Plötzlich sehen wir Steinmännchen und wissen, dass wir wieder richtig sind.

Langsam kommt der Gletscher in Blickweite. Im Lichtkegel der Stirnlampen sehen wir, wie zerfurcht er ist. Der Regen fällt auf den Fels und erzeugt einen beständigen Plätscherton, aus dem jeden Moment das Grollen und Schlagen fallender Steine herauswachsen kann. Das Stück Gletscher, das wir überqueren müssen, ist relativ kurz. Aber mit dem limitierten Licht der Stirnlampen trauen wir uns das nicht zu.

Wir sind inzwischen nass bis auf die Haut. Mein Rücken tut weh. Egal, wir müssen jetzt warten, bis es hell wird. Die Gefahr, in einer Gletscherspalte zu verschwinden, ist sonst zu groß.

Wir hocken unter einem riesigen Felsturm. Die Wahrscheinlichkeit, dass genau über diesem Turm etwas runterkommt, ist gering, wenn auch nicht ausgeschlossen. Es ist kalt. Es ist Juli, aber es riecht nach Herbst.

Ich krieche in den Biwaksack, aber mir ist trotzdem arschkalt. Wir legen den Biwaksack auf die Rucksäcke, aber es wird nicht wärmer. Ich packe unsere Rettungsdecke aus, eine dünne Folie aus Aluminium. Darin wickeln wir uns ein.

Jetzt wird es fad. Ich habe keine Spiele auf meinem Handy, also versuche ich zu schlafen. Jorg sitzt da, spielt Sudoku auf seinem Handy und weigert sich, es mir zu borgen, damit ich ihm zeigen kann, wer besser rechnet. Es ist ein Uhr früh. Ich rechne aus, dass es um vier wieder hell genug sein wird, um weiterzugehen. Noch drei Stunden warten in dieser Scheiße.

Vielleicht hätte ich auch schlafen können. Aber ich

bleibe mit einer gewissen Anspannung wach, denn ich warte darauf, dass Jorg einschläft, damit ich ihm sein Handy klauen kann. Sobald mir trotzdem der Kopf auf die Brust fällt, weil ich einzunicken beginne, holt mich die Kälte wieder zurück in die beschissene, nasse Wirklichkeit. Wir rasten, aber wir bleiben dauernd in Bewegung. Wir reiben uns die Finger. Wir kreisen mit den Schultern. Alles, um der nassen Kälte etwas entgegenzusetzen.

Die Stunden sind beschissen, aber irgendwie sind sie auch lustig, Kategorie: kalte Füße, die du nie vergisst. Wir hocken im Biwaksack wie ein Stück Fleisch, das fürs Kühlregal eingeschweißt worden ist. Alles drin, auch die Köpfe, Reißverschluss zu. Der Biwaksack ist natürlich wasserfest, aber genau deshalb setzt sich das Kondenswasser unseres Atems innen am Stoff fest und beginnt herunterzutropfen.

Komisch, in solchen Momenten vergisst du ganz, wie es sich anfühlt, trocken zu sein.

Du vergisst auch, wie es riecht, wenn es gut riecht.

Außerdem beschließe ich, mir ein Handy anzuschaffen, auf dem ich Sudoku spielen kann.

Um vier brechen wir auf, es regnet und stürmt wie verrückt. Wir beeilen uns, zum ersten Biwak zu kommen, packen alles zusammen und gehen schnell weiter. Unten müssen wir noch einmal über den Gletscher, das Mer de Glace, Meer aus Eis. Dort sind Metallleitern montiert, über die man sicher absteigen kann.

Im Tal treffen wir Florian, der uns per SMS den guten Tipp gegeben hat, abzusteigen. Er hat auch etwas zu erzählen: Sein Partner hat einen ziemlichen Flug gerissen und sich dabei sechs Rippen gebrochen. Der Helm ist komplett aufgesprungen, Bein und Sprunggelenk sind ab, er hat den Helikopter gebraucht.

Etwas essen, dann packe ich meine Sachen zusammen. Ich muss nach Zürich. Abreise nach Kirgistan.

Dreiundzwanzig

Lorenz Saladin, Jahrgang 1896, war ein Abenteurer aus echtem Schrot und Korn. Er stammte aus Nuglar im Schweizer Kanton Solothurn und zigeunerte als junger Mann durch die ganze Welt. Arbeitete in Nord- und Südamerika als Tellerwäscher, Bademeister und Polizist. Schürfte ziemlich erfolglos nach Gold, weil er lieber an den umliegenden Felsen bouldern ging. In den dreißiger Jahren verschlug es ihn in den Kaukasus. Dort lernte er zwei russische Spitzenbergsteiger kennen: Ewgeni und Witali Abalakow.

Saladin war Kommunist, vor allem aber war er Bergsteiger und Fotograf. Er schloss sich sowjetischen Expeditionen an und erledigte unzählige Erstbesteigungen. Mitten in der Sowjetunion taufte er Gipfel, die er erstbestiegen hatte, auf »Hockhorn«, »Sattelhorn« oder »Pik Zinn«, das waren andere Töne als die Propaganda-Vokabeln der Sowjets. Die nannten ihre Berge lieber »Pik Kommunismus« oder »Gletscher der proletarischen Touristen«.

Als Helfer einer geologischen Expedition gelangte Saladin 1936 ins damalige Kirgisien, die sowjetische Teilrepublik im Süden des riesigen Staates. Er half, Gesteinsproben zu entnehmen und Karten anzufertigen. Nebenbei, wenn etwas Zeit war, bestieg er die großartigen Vier- und Fünftausender der Region.

Saladin starb später im Jahr nach seiner Expedition zum Khan Tengri im Tien-Shan-Gebirge. Zwar schaffte er den Gipfel auf 7010 Meter, erfror sich aber beide Fersen und zog sich beim Versuch, die Erfrierungen zu behandeln, eine Blutvergiftung zu, die er nicht überlebte. Er hinterließ seine Legende – und unglaublich schöne Fotos aus Kirgistan.

Diese Fotos hat Robert Steiner ausgegraben, ein deutscher Kletterer und Schriftsteller, der mit dem Schweizer Emil Zopfi ein Buch über Saladin geschrieben hat. Robert ist mit einer aus Kirgistan stammenden Russin verheiratet, und er kennt die Gegend und die Berge gut. Er hatte die Idee, dass wir auf dem Mammut-Teamtrip den Spuren Saladins folgen könnten, um in Kirgistan auf großartigen Granitwänden Erstbegehungen durchzuführen oder bereits bestehende Routen zum ersten Mal frei zu klettern. Oder was auch immer.

Ich kam direkt von Chamonix nach Zürich, mir saß noch die Kälte der Petit Dru im Genick. Aber es dauerte nicht lange, dann war sie nur noch eine Erinnerung, und zwar eine durchaus angenehme. Wir flogen nach Moskau, von dort nahmen wir – wie seinerzeit Lorenz Saladin – den Zug und fuhren 3700 Kilometer weit nach Bischkek, der Hauptstadt von Kirgistan. Drei Tage und drei Nächte lang. Die Expedition bestand aus Nina Caprez, einer Schweizer Kletterin, Stef Siegrist, einem Kollegen, ebenfalls aus der Schweiz, der viele bewundernswerte Touren hinter sich hat, Giovanni Quirici, einem Tessiner Bergsteiger mit Neigung zur Philosophie, dem Fotografen

Rainer Eder, dem Kameramann Christoph Frutiger, dessen Frau und zwei Kindern, Robert Steiner und mir.

Wir waren zu viert im Abteil. Draußen hatte es deutlich über 40 Grad, und der Zug hatte natürlich keine Klimaanlage. Die Sitzbänke, auf denen wir schliefen, waren ziemlich klein, und wenn sie für mich ziemlich klein sind, dann sind sie in Wahrheit sehr, sehr klein. Kein Problem für mich, aber definitiv ein Problem für Rainer Eder. Rainer ist fast zwei Meter groß. Jedes Taxi ist schon zu klein für ihn, und kleine Sitzbänke sind sehr viel zu klein für ihn.

Rainer beschwerte sich in seinem merkwürdigen Osttiroler Schweizerdeutsch, das er sich angewöhnt hatte, seit er von Lienz nach Baar am Zuger See übersiedelt war. Er ist ein Long Time Companion. Er machte die ersten Fotos von mir schon 2002 in Arco, als er mich als Elfjährigen fotografierte. Seither war er auf vielen Trips und Reisen mit von der Partie. In Malaysia, Yosemite, Rumney und so weiter. Er ist selbst kein schlechter Kletterer, und er hat echtes Talent, seine Umgebung zum Lachen zu bringen. Zum Beispiel jetzt, wenn er versuchte, sich auf seinem Bett auszustrecken.

Draußen Birkenwälder, endlos, kleine Häuser, Seen, Weizenfelder.

Die kasachische Steppe, Stunde um Stunde.

Stef fuchtelte dauernd mit der Speisekarte eines Eissalons aus Interlaken herum und rief: »Ich nehme zwei Kugeln Haselnuss.«

Aber es gab kein Eis, es gab auch kein fließendes Wasser.

Wir hatten Chai, also Tee. Wir tranken Chai, Chai und Chai. Irgendwann kam uns der Chai zu den Ohren raus, dann hofften wir, dass bald die nächste Station kommt. An den Stationen warteten immer Verkäufer auf dem Bahnsteig, die Wasser, Bier und Sirup verkauften, und das Beste an diesen Getränken war – die Kälte. Überall gab es frisches Weißbrot, das in sehr einfachen Öfen gemacht wird. Unten brennt Feuer oder Glut, der feuchte Teigfladen wird in den Ofen geschoben und dort an die Wand geklebt, und wenn das Brot bis zum Ende kleben bleibt, ist es gut, wenn es vorzeitig in die Glut fällt, war es schlecht. Grausame Auslese – und super Brot. Fantastisches Brot. Wir aßen sehr viel Brot und tranken sehr viel Chai auf dieser Fahrt.

Jeder Waggon hatte Waggonbegleiter. Unser Waggon hatte Michail und Olga, seine Frau. Olga hieß zwar nicht Olga, aber wir nannten sie so, denn sie sah aus wie eine russische Matrone, sie hatte ungefähr den fünffachen Umfang von mir. Okay, Michail war auch nicht schmal. Zusammen gaben die beiden ein eindrucksvolles Paar ab.

Sie war die Chefin. Er machte, was sie anschaffte. Still waren die beiden nur, wenn ein Grenzübertritt bevorstand. Der Zug fährt von Russland durch Kasachstan nach Kirgistan, es gab also zwei Zollkontrollen von Männern in Uniformen, die durch die Waggons gingen und die reisenden Kirgisen, Tadschiken und Kasachen auseinandernahmen – uns ließen sie in Ruhe, auch wenn wir eine Menge Ausrüstung dabei hatten, Kletterzeug, Filmkameras, was weiß ich.

An der russisch-kasachischen Grenze kamen die Zollbeamten in unser Abteil, schauten sich um, kontrollierten aber nur unsere Pässe und kümmerten sich überhaupt nicht um unser Gepäck. An der Grenze zwischen Kasachstan und Kirgistan steuerten die uniformierten Zollwächter unser Abteil direkt an, schnappten sich einen Schraubenzieher und entfernten eine Platte an der Decke des Abteils. Dahinter kam eine Batterie schwarzer Säcke zum Vorschein.

Oho. Aber statt jetzt ein Riesentheater abzuziehen, schraubten sie die Platte wieder an und verschwanden im Abteil von Michail und Olga. Wir konnten hinter verschlossener Tür nur hören, dass heftig diskutiert wurde. Eine Viertelstunde später gingen die Typen mit einem sehr speziellen Smile im Gesicht an unserem Abteil vorbei. Sie verschwanden, ohne sich weiter um die schwarzen Säcke zu kümmern oder um uns.

Als Michail das nächste Mal in unser Abteil kam, fragten wir ihn natürlich, was da gelaufen sei.

»Nichts«, antwortete er und wischte sich den Schweiß von seiner Glatze. Dann brachte er Äpfel und Wodka. Er wollte denselben Smile, den die Grenzpolizisten im Gesicht gehabt hatten, in unserem Gesicht sehen.

Wir diskutierten natürlich, was hinter der Deckenplatte verborgen sein könnte. Aber immer wenn einer sagte: »Jetzt schau ich nach!«, stürzte der telepathisch oder nachrichtendienstmäßig gewarnte Michail ins Abteil, um weiteren Chai oder Wodka zu bringen, und später löste sich die Frage, ob über unseren Köpfen wohl Drogen,

Falschgeld oder Haarwuchsmittel versteckt waren, im monotonen Singen der Eisenbahnschwellen auf.

Aber die Story war noch nicht vorbei. Bald nach der kirgisischen Grenze tauchten Michail und Olga zusammen auf. Ohne sich weiter um uns zu kümmern, schraubten sie die Deckenplatte ab und versuchten, die schwarzen Säcke aus ihrem Versteck zu holen, aber sie schafften es nicht, weil sie viel zu dick waren, um in die kleine Nische hineinzulangen. Also gingen wir ihnen, freundlich wie wir sind, ein wenig zur Hand, dann waren die Säcke weg, Michail und Olga waren weg, und wir beobachteten die beiden dabei, wie sie irgendwo auf der Strecke das Fenster herunterrissen und die Säcke über den Bahndamm hinunter in die kirgisische Dämmerung schleuderten. Wir einigten uns darauf, dass wohl doch kein Haarwuchsmittel in den Säcken gewesen war.

In Kirgistan hatte sich die Landschaft langsam verändert. Die Ebene, die wir ewig lang durchquert hatten, schien sich zusammenzufalten. Zuerst stiegen Hügel, dann Gebirgszüge aus der Ebene empor und bauten sich hintereinander auf. Es war, als bereite sich die Landschaft auf die Ankunft einiger Kletterer vor, die nach 72 Stunden im Zug das Bedürfnis hatten, sich mit ein bisschen Bewegung für die lange Reise zu entschädigen.

Von Bischkek reisten wir weiter in den Südwesten. Die Straßen: mehr Schlaglöcher als Asphalt. In Woruch blieb unser Mercedesbus stehen und mit ihm die Zeit. Frauen schleppten Wasser in Kübeln, auf den Straßen liefen

Pferde, Schafe und Hühner. Wir verluden das Gepäck auf Esel, die mit uns in das Kara-Su-Tal wandern würden. Die Gegend war ein geopolitischer Emmentalerkäse. Überall Löcher. Enklaven. Exklaven.

Dörfer, in denen nach der Auflösung der Sowjetunion die meisten Einwohner Kirgisen waren, gehörten in Zukunft zu Kirgistan.

Dörfer mit mehr Usbeken zu Usbekistan.

Dörfer mit Tadschiken zu Tadschikistan.

Wir bewegten uns mit Visa für drei Staaten insgesamt auf fünf Territorien, denn niemand wusste genau, wo die Grenze nach Tadschikistan verlief, und als ich einmal an einer Stelle aus dem Bus steigen musste, wo die Grenze zwischen Usbekistan und Kirgistan genau am Straßenrand verlief, pisste ich einfach nach Usbekistan, ohne dafür eine schriftliche Genehmigung zu haben.

Wir gingen dann mit der Eselkarawane entlang dem Fluss Karavshin in die Berge hinein. Es war schön, eine beeindruckende, aber karge Berglandschaft, in der hin und wieder Aprikosenbäume standen, die gerade Früchte trugen. Die Früchte waren reif, und sie schmeckten um Welten besser jede andere Marille, die ich vorher gegessen hatte.

Bei einem dieser Obstgärten war das erste Camp geplant, aber wir verpassten es. Wir waren spät losgegangen, so dass es schon dunkel geworden war. Wir marschierten mit den Stirnlampen einfach weiter, und ich weiß nicht, wie es passierte, aber wir marschierten am Camp vorbei weiter in die Dunkelheit, bis uns zwei Kirgisen entgegenkamen, die aufgeregt auf uns einredeten. Der Dolmetscher übersetzte: »Dort oben sind Soldaten. Wenn ihr weitergeht, schießen die auf euch.«

Die Gegend, in der wir uns befanden, gilt einerseits als Korridor für afghanisches Rauschgift, das nach Russland gebracht wird. Außerdem sind regelmäßig Islamisten unterwegs, die dem »Islamic Movement of Uzbekistan« angehören und von ihren Ausbildungslagern in Pakistan und Afghanistan zurückwandern. Eine Gruppe von Männern, die sich nachts der Militärstation nähert, und bei den Soldaten schrillen alle Alarmglocken.

Wir drehten also um, marschierten zurück und fanden das Lager. Wir waren eine Stunde zu weit gegangen.

Als wir am nächsten Tag zur Militärstation kamen, mit unseren Eseln und Rucksäcken deutlich als Expedition zu erkennen, begriffen wir, dass hier wirklich nicht lange gefackelt wird. Die Soldaten waren bis an die Zähne bewaffnet mit Kalaschnikows und Raketenwerfern und ähnlichem Zeug. Und sie erzählten uns, warum: Im Jahr 2000 hatten Terroristen den Militärstützpunkt angegriffen und anschließend bei ihrer Flucht amerikanische, ukrainische und deutsche Geiseln genommen. Elf Soldaten waren dabei getötet worden. Die Kletterer entkamen, sie hatten mehr Glück als Verstand gehabt. Ein Armeehubschrauber hatte dann die geflüchteten Deutschen mit Terroristen verwechselt und eine Rakete auf sie abgefeuert, sie Gott sei Dank aber verfehlt.

»Okay«, dachte ich mir, »vielleicht doch keine schlechte Idee, dass wir gestern Abend umgedreht haben.«

Wir zeigten zuerst das Permit, dann zeigte Stef seine Muskeln. Er war mit nacktem Oberkörper marschiert, und die Soldaten bewunderten seine definierten Muskelpartien.

»Gladiator, Gladiator«, riefen sie und boten ihm an, in eine Uniform zu steigen, aber Stef wollte lieber klettern gehen.

Wir marschierten an diesem Tag noch ein gutes Stück weiter ins Kara-Su, das »Schwarzwassertal«. Der Weg war nicht mehr als ein Saumpfad, von dem es steil über eine Schotterflanke in den Fluss hinunterging. Jede Expedition rechnet damit, dass ein oder zwei Esel abstürzen und samt Ausrüstung vom Fluss aus dem Tal geschwemmt werden. Unsere Esel kamen durch. Wir übernachteten noch einmal, aber als wir aufwachten, sahen wir schon die Wände. Und was für Wände!

Wir gingen sofort los, um uns den Fels anzuschauen. Die anderen schlugen unterdessen das definitive Basecamp auf. Rund um uns ein sattes, wunderschönes Grün. Je höher du kommst, desto grüner wird die kirgisische Landschaft. Unten ist es so heiß, dass alles verbrennt. Auf der Höhe ist das Klima versöhnlich. Wir kamen uns vor wie auf einer Almwiese in den Alpen – nur dass die Granitwände von einer ganz anderen Dimension waren als daheim. Ein Bächlein schlängelte sich durch die Wiese. Granitblöcke lagen herum. Ein paar Bäume spendeten Schatten. Ein Paradies. Stef sagte, er habe noch nie in seinem Leben ein so schönes Basecamp gesehen.

Die Westwand des Asan ist ungefähr 800 Meter hoch

und ziemlich glatt. Wir suchen uns eine Linie im linken Teil der Wand. Am nächsten Tag tragen wir das Gepäck hinauf. Nina und ich klettern drei Seillängen.

Die erste Länge ist leicht. Die zweite ist schon echt schwierig. Am Anfang kann man kaum Sicherungen legen, und im oberen Teil der Länge ist eine zehn Meter hohe Felsschuppe, der man nicht ansieht, ob sie halten wird oder nicht. Ich habe plötzlich das wenig inspirierende Bild vor Augen, wie es mich samt der ganzen Schuppe runterhaut und mir die Schuppe das Seil abschlägt.

Trotzdem klettere ich an der linken Seite entlang bis an ihr oberes Ende, lege aber keine Sicherung, um im Fall der Fälle das Seil nicht zu gefährden. Oben will ich Stand machen und setze einen Bohrhaken in die Wand oberhalb der Schuppe. Ich schlage den Haken in das Loch, das ich mit der Bohrmaschine gebohrt habe, und denke: »Endlich wieder eine Sicherung, der du trauen kannst.«

Als ich mich hineinhängen will, merke ich, dass der Haken langsam herausrutscht. Ich ziehe noch einmal mit der Hand an.

Draußen ist er.

Keine Ahnung, was falsch ist, der Haken oder die Wand. Ich setze noch zwei, die zwar etwas besser sind, aber mein Vertrauen ist erschüttert.

Die dritte Länge ist nur mehr technisch zu klettern. Ich schlage Normalhaken, setze Klemmkeile, und selbst mit dem restlichen Techno-Equipment sind die Stellen nicht zu bewältigen. Als letzte Maßnahme setze ich Bohrhaken.

Etwa 20 Meter über dem Stand halte ich mich mit beiden Händen an einer Schuppe fest und merke, dass ich weder vor noch zurück kann. Ich versuche, die Beine nach oben zu bringen, einen Hook zu setzen. Aber das bringt nichts. Ich hänge am Fels und verhungere.

Bevor ich mich in einen sinnlosen Kräfteverschleiß flüchte, lasse ich los.

Falle.

Hoffe, dass die Haken halten.

Sie halten. Aber sie sind nach dem Abflug ein paar Millimeter weiter draußen als davor.

Ich will nicht aufgeben, aber wie Robert richtig bemerkt: »Wo keine Griffe sind, kann man nicht klettern.«

Ich fliege noch einmal. Ich habe ein schlechtes Gefühl. Ich schaue nach oben und sehe eine Bohrhakenleiter.

»Das ist nicht mein Stil«, denke ich. »Wenn schon technisch klettern, dann keine fade Bohrhakenleiter.«

Ich habe nichts dagegen, technisch zu klettern, wenn freies Klettern nicht möglich ist. Auch Techno-Klettern hat was – eine Bohrhakenleiter aber hat nichts. Wir seilen ab. Unten beschreiben wir Stef und Giovanni die Lage und entscheiden, eine andere Linie zu suchen.

Zur selben Zeit war auch eine ukrainische Expedition im Tal. Der Kletterer Wolodja Mogila, der den Asan kennt wie kein Zweiter, brachte uns auf die richtige Idee. »Die Timofeev-Route sollte gehen«, sagte er, und er meinte natürlich: Wir könnten sie als erste Seilschaft frei klettern.

Die Route ist etwa 800 Meter lang, technische Schwierigkeit A3. Sie wurde 1988 erstbegangen, als russische

Kletterer hier Alpinwettkämpfe um die schwierigsten Techno-Routen austrugen. Wir entschieden, dass wir die Timofeev-Route frei probieren.

Die andere Linie gaben wir auf. Der Gescheitere gibt nach. Wir holten unser Material herunter, nahmen die Fixseile aus der Wand und stellten den Urzustand wieder her. Am selben Tag begannen wir mit der neuen Tour.

Nina und ich machten drei Seillängen, super Fels, die Platten hatten gute Leisten. So machte die Sache wieder Spaß. Im Fels winzige Haken, in die man besser nicht fliegt. Dann wurde es schwieriger. Robert, der vom Stand zusah, notierte, was folgte, mit deutscher Genauigkeit in sein Reisetagebuch:

»Einige Meter unter Davids Füßen ist die letzte Zwischensicherung, ein Bohrhaken von 1986, dessen angerosteter Stift gerade mal vier Millimeter stark ist. Eine echte Gurke, sie hält das Körpergewicht, aber zum Stürzen war sie nie gedacht. Ob sie hält, was sie nie versprochen hat?

Vielleicht denkt David daran, dass er den Bohrhaken herauszieht, wenn er fällt, dass es mit dem nächsten genauso gehen wird, dass er zehn oder zwanzig Meter über die Platte hinunterrumpeln wird und sich die Bänder reißen oder das Bein brechen kann. Vielleicht denkt er daran, dass es einfach klappen muss, dass schon was kommen wird, an dem man sich festklammern kann. 9- ist es bis jetzt, vielleicht auch schwerer. Das ist weit unter seinem Onsight-Limit. Aber der Fels hier besteht nicht aus lustigen, bunten Plastik-

griffen, sondern ist eine verdammt rutschige und unübersichtliche Platte. Da kann man sich gar nicht vorstellen, dass es so etwas gibt – Reibungsplatten im neunten Grad. Die Erstbegeher sind hier technisch, mit Bathooks, hoch. Ab und zu sieht David die winzigen Löcher, die schweißtreibend mit dem Bohrmeißel gehämmert wurden. Auch nicht ohne, an zwei Millimetern Stahl zu hängen. Und fallen sollte man ebenfalls nicht. Aber es ist ein anderes Spiel, eines ohne Kraft. Nerven und Stahl halten einen, nicht Muskeln und Finger.

Was David in die Hand bekommt, ist enttäuschend – statt einer guten Leiste ein paar runde Quarzkörner. Er schaut kurz zurück, überlegt sich, ob er den Zug wieder abklettern soll und das Ganze etwas weiter links oder rechts angehen. Aber ein Zurück gibt es nicht mehr.

Von hier sind es nur noch wenige Zentimeter bis zum nächsten Haken. Er streckt sich, aber zum Einhängen reicht es partout nicht. Wäre der Haken nur von einem Freikletterer gesetzt, man hätte ihn einfach zehn Zentimeter tiefer platziert! Dann käme man hin. Jammern hilft nicht – nur weiterklettern. Zum Chalken bleibt keine Zeit mehr, jeden Moment kann David abrutschen. Noch einmal steht er in einer kaum zu bemerkenden Delle, holt kurz Luft und Schwung, streckt sich, greift am Haken vorbei zu einem Absatz. Seine Augen sind in diesem Moment auf das Ziel fixiert wie die Augen eines Adlers auf die Beute.

Wenn das nichts wird, dann fällt er.

Am Stand ist es still. Wir schauen nach oben, hoffen auf das Beste und bereiten uns auf das Schlechteste vor. Das

Seil liegt in der Hand, mit gutem Abstand zum Sicherungsgerät, der Körper ist tiefer als der Stand, damit man der Sturzwucht langsam entgegenkommen kann.

Davids Hände greifen auf die Leiste. Sein Körper ist für einen Augenblick still. Ist es nur der tote Punkt in der Bewegung oder hat er den Griff? Dann sehen wir, wie er blitzschnell eine Expresse vom Gurt zückt und einhängt. Ich denke unwillkürlich an Lucky Luke, der schneller ziehen kann als sein Schatten.

›JAAAAAAA!!!‹

Ein heller Ruf voll Freude tönt herunter. Die Seillänge ist geschafft. Die Schlüsselstelle der Timofeev-Route, vierte Seillänge ab Boden. David tanzt. Aber diesmal nicht mit dem Fels, sondern rein aus Freude. Sein Schatten ist von uns aus zu sehen, während sich dunkle Regenwolken über die Bergkämme schieben und erste Tropfen auf uns herunterfallen.«

Am nächsten Tag waren Stef und Giovanni mit dem Vorsteigen dran, am Tag darauf wieder Nina und ich. Wir arbeiteten uns langsam, aber konsequent nach oben. Es war schwierig – Robert verglich das Klettern in dieser Wand mit einem Weg, der senkrecht eine Staumauer hinaufführt –, und er hatte wohl recht. Wer keine Kraft in den Fingern hat, muss sich eben technisch hinaufarbeiten.

Das Wetter war von Anfang an super, aber jetzt bekamen wir ein Problem. Tagsüber wurde es zu heiß, die Luft stieg auf, es bildeten sich Wolken, die sich nachmittags entluden, wir mussten also sehr früh zu klettern beginnen. Am 3. August schafften wir schließlich den Gipfel. Ich war in den letzten Tagen so viel vorgestiegen, dass ich mich nur noch hinten anstellte, die anderen sollten auch ihren Spaß haben. Als vierter in der Reihe hinter Giovanni, Nina und Stef schleppte ich zum Teil drei Rucksäcke hinauf. Aber auch das machte jetzt Spaß.

200 Meter vor dem Gipfel, nach sieben Stunden Vollgas-Kletterei, warteten alle zusammen. Das Gelände wurde plötzlich leicht, wir konnten ungesichert zum Gipfel weitergehen. Damit hatten wir, wie Robert später sagte, die schwierigste alpine Freikletterlinie in ganz Kirgistan eröffnet. Um zwei Uhr nachmittags standen wir auf dem 4230 Meter hohen Gipfel. Zwei Stunden später waren wir pudelnass. Das tägliche Gewitter hatte uns beim Abseilen eingeholt.

Im Basecamp mischte unser Koch aus reinem Alkohol und Wasser so etwas wie Wodka. Zum Essen gab es Schaf. Während die anderen darüber nachdachten, was sie morgen klettern würden, rief mich die Pflicht. Ich musste nach Barcelona, dort fand am Wochenende der nächste Weltcup statt.

Am nächsten Morgen marschierte ich durch das Schwarzwassertal hinaus, zehn Stunden Richtung Woruch. Dort würde mich der Bus abholen und zum Flughafen bringen. Ich sah Bauern, die ihre Aprikosen in großen Kreisen auf dem Boden zum Trocknen auflegten. Ich sah Soldaten mit automatischen Waffen, die mich grüßten.

Ich sah eine berückend schöne Landschaft, ich sah Gipfel, auf denen Lorenz Saladin vielleicht gestanden hatte, und ich ging weiter, und ich war glücklich. Es war der 4. August, mein Geburtstag. Heute wurde ich 19 Jahre alt.

Vierundzwanzig

Ich jammere selten, aber es war nach der genialen Kletterei in Kirgistan eine Tortur, nach Barcelona zu reisen. Ich kam nach tagelanger Reise völlig gerädert in Spanien an, hatte einen enormen Trainingsrückstand und stank im Wettkampf völlig ab. Ich wusste nicht, worüber ich mich mehr ärgern sollte. Über den blamablen 27. Platz oder über die Entscheidung, überhaupt nach Spanien gefahren zu sein.

Als ich zu Hause war, vertiefte ich mich zum Trost sofort wieder in die Vorbereitung meines nächsten Projekts. Ich hatte entschieden, dass ich wieder nach Patagonien wollte, diesmal auf der argentinischen Seite.

Das Projekt hieß Cerro Torre. Ich musste mir die Fotos von diesem Berg nur anschauen, und in meinem Nacken stellten sich die Haare auf.

Das war's. Dort musste ich hin. Diesen Berg musste ich sehen, riechen, schmecken, fühlen.

Ich checkte das Internet nach Informationen über den Torre. Ich scannte Zeitschriften, besorgte mir Bücher. Ein Buch hieß *Schrei aus Stein*. Das war der Titel eines Films, den der deutsche Regisseur Werner Herzog gemacht hatte. Das Buch beschäftigte sich mit der spannenden alpinistischen Geschichte des Torre. Geschrieben hatte das Buch Reinhold Messner. Das traf sich gut, denn ich war mit Reinhold auf dessen Burg Sigmundskron in Südtirol zu einem Gespräch verabredet.

Ein herrlicher Herbsttag, wir saßen in der warmen Septembersonne und redeten. Reinhold hatte gerade seinen 65. Geburtstag gefeiert. Großes Fest. Er war gut informiert über meine Karriere. Er kannte meine Erfolge in der Halle, aber er wusste auch alles über unsere Tour an der Sagwand, und er wollte tausend Sachen wissen. Was ich vorhabe. Was für Projekte ich vorbereite.

Reinhold hat mit seinem »Messner Mountain Museum« das größte Museum des Alpinismus ins Leben gerufen. Der Alpinismus ist sein Leben. Ich merkte gut, wie elementar ihn die Veränderungen interessierten, die wir, die neue Generation von Kletterern, gerade in die Kletterwelt hineintragen.

Vor allem faszinierte Reinhold die technische Ausbildung, die wir Sportkletterer schon als Kinder bekommen haben. Er war der Ansicht, dass die technischen Fähigkeiten, die unsere Generation von Kletterern gelernt hat, ein ganz neues Klettern am Fels möglich machen. Seine Generation, sagte Reinhold, habe überhaupt nicht trainiert. Er sei einer der Ersten gewesen, der zu Hause an Wänden und Mauern etwas geübt habe.

Ich erzählte ihm von den zwei Seelen in meiner Brust. Von der komplizierten Verbindung von Wettkampfklettern und Felsklettern.

Wenn Wettkampf ist, ist Wettkampf. Dann bin ich mit meiner kompletten Konzentration und Energie beim Wettkampf und habe die Gedanken nicht woanders. Darin unterscheide ich mich nicht von meinen Konkurrenten: Jeder, der zu einem Weltcup oder Masters anreist, kommt, um das, was er draufhat, in Leistung umzusetzen.

Der Unterschied zwischen den verschiedenen Wettkämpfern zeigt sich erst, wenn der Wettkampf vorbei ist. Es gibt solche, die dann noch immer voll für den Wettkampf leben. So einer bin ich nicht.

Meine Definition von Klettern war von Anfang an, dass ich es tue, weil mir nichts im Leben mehr Spaß macht. Wettkampf ist nur ein Teil davon. Sportklettern, Bouldern, Halle, Fels, alpines Klettern. Und was es sonst noch alles gibt. Teile eines großen Ganzen.

Jorg und mich zum Beispiel unterscheidet von den meisten anderen Wettkletterern, dass wir neben dem Sport in der Halle und auf dem Fels auch viele alpine Sachen machen. Das ist in der Szene selten. Nur wenige der erfolgreichen Athleten machen während ihrer Karriere auch was Alpines, geschweige denn so viel wie Jorg und ich. Sie sind auf die Kletterwand fokussiert, und sie wollen gewinnen. Sie trainieren hart und systematisch, und weil die meisten von ihnen auch talentiert sind, nimmt die Leistungsdichte in der Halle ständig zu. Nicht dass die Routen viel schwieriger würden – aber es sind immer mehr Athleten da, die sie klettern können.

Dabei ist es nicht so, dass die Kollegen uns nicht respektieren würden, im Gegenteil, sie interessieren sich sehr dafür, was uns gerade wieder einfällt. Aber es passt nicht in ihren Plan. Manche schütteln auch nur den Kopf. Die haben keine Idee, warum wir machen, was wir machen. Warum wir in den Winter hinausgehen und bei einem Scheißwind in der Wand hängen und uns den Hintern abfrieren.

Umgekehrt ist das nicht anders. Kaum ein Alpinist versteht, was der Spaß daran sein soll, in einer Kletterhalle künstliche Schwierigkeiten zu überwinden – es gibt doch mehr als genug natürliche.

Und natürlich die Sache mit dem Training. Das viele kontinuierliche, systematische Training, das Wiederholen von Übungen und Schwierigkeiten, das Bewältigen einer etwas sturen Herausforderung – das will sich kein Alpinist antun. Der Alpinist denkt in Projekten, und wenn er ein Projekt angefangen hat, steckt er seine ganze Energie hinein, von der Planung bis zur Realisierung.

Dem Alpinisten geht es um ein möglichst tolles Gesamterlebnis. Beim Wettkampf geht es am Ende nur ums Resultat.

»Fühlst *du* dich als Felskletterer?«, fragte Reinhold etwas misstrauisch.

»Absolut.« Ich musste lächeln.

»Freies Klettern?«

»Ja.«

Als gelernter Sportkletterer ist der Freikletterstil für mich das natürlichste Vorgehen. Das kommt dem puren Klettererlebnis sehr nahe, aber im Vergleich zum Free-Solo-Stil, wo der Kletterer ohne Absicherung unterwegs ist, erlaubt das freie Klettern Fehler.

Doch würde ich niemals sagen, dass freies Klettern die einzig ehrenhafte Form des Kletterns ist. Dazu gibt es viel zu viele Touren, die großartig sind und die frei nicht geklettert werden können. Im Yosemite gibt es beeindruckende Routen auf den El Capitan, die nur technisch zu bewältigen sind, und ich würde für mich nicht ausschließen, so eine Tour zu gehen, auch wenn mir das freie Klettern sicher näher steht. Ich sehe keinen Grund, warum ich mir wegen irgendeiner Philosophie verbieten sollte, großartige Erlebnisse zu haben.

Reinhold war ein früher Vertreter des Alpinstils, der inzwischen immer mehr in Mode kommt. Der Alpinstil zielt nicht auf die martialische Eroberung der Gipfel, sondern steht für ein Klettern, das schnell und elegant, mit möglichst wenig Gepäck und Aufwand zum Ziel kommt. Es ist der vergleichsweise riskantere Stil, aber auch der schönere. Der Alpinstil wird die Grenzen des Machbaren vielleicht nicht ausdehnen, aber er ist ein sauberer Stil.

Es war Zeit, über den Cerro Torre zu reden. Über mein Projekt, die Kompressorroute im Freikletterstil zu machen.

»Niemand ist die Kompressorroute je frei geklettert«, sagte Reinhold. »Keiner weiß mit Sicherheit, ob das überhaupt geht.«

Ich wusste es natürlich auch nicht. Aber ich wusste zu diesem Zeitpunkt noch nicht, wie wenig ich wusste. Reinhold hingegen hatte so viele Expeditionen hinter sich, er war auch bereits in Patagonien gewesen, hatte den Cerro

Torre zwar nicht bestiegen, aber doch einige Zeit im Cerro-Torre-Gebiet verbracht, um für sein Buch zu recherchieren.

Er beschrieb das Projekt mit einem einzigen Wort: »Grenzgang.« Nach einer kurzen Pause wurde er konkreter: »Der Wind kann dich aus der Wand blasen. Ein Stein kann dir die Finger brechen und du fällst aus der Wand. Ein Schneesturm kann dich um den Verstand bringen. Den Cerro Torre frei zu klettern ist Grenzgang.«

Da hatte er irgendwie recht. Was ich vorhatte, war in gewisser Weise ein Grenzgang. Es hatte mit Sport nur mehr wenig zu tun, es war ein großes Abenteuer, vielleicht sogar, wie Reinhold meinte, ein Kunstwerk. Ja, das war es. Wenn das Projekt am Cerro Torre gelingen würde, wäre es mein kleines Kunstwerk. Meine Vision, die sich in Wirklichkeit verwandelt. Eine Idee, die durch mein Tun Gestalt annimmt.

Aber sofort holte mich Reinhold wieder zurück auf den Teppich. »Wer weiß«, fragte er, »ob du es diesmal schaffst. Vielleicht sitzt du drei Monate unten in Patagonien, und das Wetter lässt dir keine Chance. Vielleicht musst du ein zweites Mal nach Patagonien fahren, bis du deine Chance bekommst, und vielleicht ein drittes Mal.«

Da sprach sehr unromantisch die Erfahrung von zig Expeditionen. Die Routine eines Mannes, der sein Leben dem Abenteuer gewidmet hat.

Mir war zwar absolut bewusst, dass Reinhold recht hatte, aber trotzdem hoffte ich, dass ich mit dem Wetter Glück haben würde, warum auch nicht? Für einen Augenblick wurde mir klar, wie sehr ich noch am Anfang stand, trotz zwölf Jahren, in denen ich Erfahrung in den Bergen gesammelt hatte. Das Reden über die Expedition machte mich unruhig. Ich spürte die Spannung. Ich sah den Torre vor mir, als ich die Augen zumachte, und als ich sie wieder öffnete, sah ich Reinhold.

»Wann machst du deinen ersten Achttausender?«, fragte er.

»Ich weiß es nicht«, antwortete ich.

Reinhold hatte schon eine Theorie: »Du bist der Sohn eines Sherpas. Du kannst dich länger in der großen Höhe aufhalten.«

Vielleicht. Aber vielleicht profitiere ich noch mehr von der Ruhe eines Sherpas.

Fünfundzwanzig

Jorg und ich flogen nach Borneo. Urlaub! Jorg hatte sich am Finger verletzt, und mir schadete ein Urlaub auch nicht. Wir machten den Tauchschein und schmissen uns für ein paar Tage an den Strand. Wir mieteten ein Auto und schauten uns den Mount Kinabalu an, den höchsten Gipfel Borneos, ein beeindruckender Berg aus Granit, der praktisch direkt aus dem Wasser auf über 4000 Meter aufsteigt.

Wer den Kinabalu besteigen will, muss einen Guide nehmen und in einer Hütte auf 3000 Meter Höhe übernachten, auch wenn der Berg noch so leicht ist. Also nahmen wir einen Guide und buchten uns in der Hütte zwei Betten. Am ersten Tag stiegen wir zur Hütte auf, von der aus man die gewaltigen Granitplatten sah, aber am zweiten Tag regnete es so stark, dass wir uns entschlossen, wieder runterzugehen. Damit der Abstieg nicht fad wird, gingen wir nicht, sondern liefen die 2000 Höhenmeter ohne Pause. Am nächsten Tag wurde die Blödheit mit einem erstklassigen Muskelkater belohnt, den wir mit erstklassigen Cocktails am Strand bekämpften.

Den höchsten Berg Borneos hatten wir also nicht geschafft. Respekt den paar hundert Leuten, die den Regen nicht gescheut hatten und zum Gipfel aufgestiegen waren. Stattdessen steuerten wir nun den zweithöchsten Berg der Insel an, den Mount Trusmadi. Der lag mitten im Dschungel und war bis auf den 50 Meter hohen Granitgipfel dicht bewachsen.

Wieder stand im Reiseführer: RECOMMENDED TO TAKE A GUIDE und DANGEROUS, aber wir dachten uns, dass wir jetzt schon einmal einen Guide angeheuert hatten, das musste reichen. Und wer bitte sollte wissen, was »gefährlich« bedeutet, wenn nicht wir?

Während der Mount Kinabalu vom Strand aus sichtbar ist, war der Mount Trusmadi einer von vielen bewaldeten Hügeln. Soll heißen: Wir fanden den zweithöchsten Berg Borneos einfach nicht. Die Karte, die wir uns aus dem Internet heruntergeladen hatten, war viel zu grob. Wir gaben sofort auf. Neuer Plan: Wir gehen auf irgendeinen Berg. Wir lenkten unseren kleinen 4-Wheel-Drive auf die Zufahrtsstraße – Straße ist eine schamlose Übertreibung. Es war eine Piste aus Dreck mit tiefen Wasserlöchern. Das Auto schaukelte wie ein Besoffener. Im Grün des Dschungels verloren wir augenblicklich die Orientierung.

»Rechts«, sagte ich, als ich einen Weg sah, der offensichtlich nach oben führte, und Jorg lenkte nach rechts. Kaum zu glauben, dass es Straßen gab, die noch schlechter waren als die, auf der wir bis hierher gekommen waren. Wenigstens ging es jetzt ohne Zweifel nach oben. Binnen weniger hundert Meter war der Weg so steil, dass wir beide uns nach vorn zur Windschutzscheibe lehnten, um dem Auto zu helfen, nicht nach hinten umzukippen. Der

4-Wheel-Drive keuchte. Irgendetwas an der Hinterachse begann zu scheppern. Wir hielten an und sahen, dass die Stoßstange sich gelöst hatte und nach unten hing. Wir gaben der Stoßstange den Gnadentritt und befreiten sie von ihrer Qual. Dann fuhren wir weiter, bis wir endlich an einer Weggabelung ankamen, von der zwei Wege weiterführten, die unser Wagen beim besten Willen nicht mehr schaffte.

Also zu Fuß weiter. Borneo hat die größte Vielfalt an Pflanzen und Tieren auf der ganzen Welt, das fiel uns jetzt ein: hinter dem dichten, feuchten Vorhang aus Grün witterten wir Schlangen, Skorpione und noch nicht entdeckte, saugefährliche Killerinsekten, biologische Sensationen, die, nachdem sie uns totgestochen hatten, unsere Namen tragen würden.

David-Lama-Riesenspinne.

Jorg-Verhoeven-Mörderassel.

Wir schlugen also ein ziemlich panisches Tempo an. Es war heiß, feucht, und im Dschungel knisterte und raschelte es. Jorg lächelte zwar ein bisschen über meine Schlangenphobie, aber wenn sich direkt neben seinem Fuß etwas bewegte, hüpfte auch er wie eine Springfeder in die Höhe.

Wir trollten uns zurück zum Auto und drehten es auf etwa vier Quadratmetern um. Dann kugelten wir die bizarren Wege hinunter, zurück auf die Straße, ohne Stoßstange, und gerade als wir uns wieder sicher fühlten, weil wir mit ruhigem Motorengeräusch auf einer einwandfrei asphaltierten Straße Richtung Strand cruisten, ging uns das Benzin aus. Zehn Kilometer Fußmarsch in der prallen Sonne bis zur nächsten Tankstelle.

Nur, falls sich jemand fragt: Autostopper haben es in Borneo nicht leicht.

Sechsundzwanzig

Es war gut, dass ich mich in Borneo noch ein paar Tage an den Strand gelegt hatte, denn das Cerro-Torre-Projekt nahm mich zu Hause sofort wieder voll in Beschlag. Am Anfang hatte nur mein ganz persönlicher Wunsch gestanden, den Berg im Freikletterstil zu besteigen. Dann hatte ich Daniel ins Boot geholt, und für eine Zeit lang gehörte die verführerische Vorstellung, den Berg zu machen, nur uns beiden allein.

Als die Fragen der Finanzierung und der Dokumentation auftauchten, war ich froh, Partner an meiner Seite zu haben, die ein Ohr für meine Visionen und Träume haben. Vor allem Red Bull zeigte sich begeistert von dem Projekt. Es gab ein paar Meetings und Diskussionen, welchen Aufwand eine gute Dokumentation braucht, und schließlich wurde ein Team von Begleitern zusammengestellt. Kameraleute, Bergführer, die diese Kameraleute in Position bringen konnten, damit sie uns in jeder Phase der Expedition filmen konnten, und ein Fotograf.

Dokumentation ist ein Teil des Profikletterns. Das war nie anders. Früher schossen die Kletterer ihre Bilder selbst und zogen mit Diavorträgen durch die großen Säle, um von ihren Abenteuern zu berichten. Manche schrieben packende Bücher, manche gaben ausführliche Interviews.

Als wir darüber nachdachten, wie das Projekt dokumentiert werden könnte, stellte sich nur die Frage, ob Ja oder Nein. Wenn Ja, dann sollte die Dokumentation etwas Gescheites werden, denn das Projekt hatte Potenzial. Davon waren wir überzeugt. Red Bull engagierte als Regisseur Thomy Dirnhofer, einen erfahrenen Filmemacher und ehemaligen Kletterer, und Heli Putz, der für die Sicherheit am Berg garantieren sollte.

Red Bull hat im Dokumentieren von Extremsportarten enorme Erfahrung. Ich freute mich natürlich darüber, welchen Stellenwert sie meinem Projekt beimaßen. Wir redeten über Möglichkeiten, alles nah und real zu dokumentieren, von der Ankunft in El Chalten bis hin zum Durchstieg auf den Gipfel.

Für uns war klar, dass die Anwesenheit der Dokumentations-Crew an der Art und Weise, wie wir gehen, planen und vor allem klettern würden, nichts verändern durfte.

Für mich bestand die Expedition nach wie vor allein aus Daniel und mir. Die Dokumentation, die vor Ort aus sechs Personen bestand, wurde eigenständig organisiert. Wir mussten nur klettern.

Daniel und ich, wir waren ein Team. Heli Putz und seine Kameraleute ein anderes.

Keine Hilfe beim Transport des Materials, beim Vordringen zur Wand oder beim Klettern. Zwei junge Männer, die sich einen Traum verwirklichen: einen Berg am Ende der Welt zu besteigen.

Ein Interview mit mir, das im Internet veröffentlicht wurde, sorgte kurz vor unserer Abreise für Verwirrung.

In dem Interview wurden die Maßnahmen, mit denen wir die Kameraleute in die Gipfelregion bringen wollten, damit verwechselt, wie Daniel und ich den Aufstieg planten. Plötzlich kursierte im Web die Nachricht, dass wir uns mit dem Hubschrauber hinaufbringen lassen und mit Fixseilen in der Wand das Leben leicht machen wollten. Das war natürlich Unsinn. Daniel und ich wissen, was sich am Berg gehört. Aber das Internet ist ein höllisches Medium, wenn es darum geht, falsche Tatsachen, die sich auf den Weg gemacht haben, wieder einzufangen.

Ich versuchte mich auf die Planung der Expedition zu konzentrieren – und musste mit etwas flauem Gefühl im Magen zur Kenntnis nehmen, dass wir gar nicht allzu genau planen konnten. Was wir vorhatten, sah einfach so aus:

Camps einrichten.
Die Route auschecken.
Frei klettern.

Am 18. November 2009 um 6 Uhr 25 reisten wir voller Vorfreude nach Patagonien ab. Am 6. Februar 2010 um 17 Uhr 40 kehrten wir nach Österreich zurück, drei Wochen früher als geplant. Wir hatten unser Projekt nicht geschafft. Das schlechte Wetter hatte uns verblasen. Aber ich war verzaubert. Das Erlebnis war großartig gewesen, wenn auch anders als geplant. Ich hatte in El Chaltén eine andere Welt kennengelernt und mich von Dingen in den Bann ziehen lassen, die ich bis dahin nicht auf meinem Radar gehabt hatte.

Wir hatten es nicht einmal bis zum Gipfel geschafft, was die Voraussetzung dafür ist, ein so ehrgeiziges Projekt wie unseres überhaupt in die Tat umzusetzen. Wir hatten über die Schlüsselpassagen der Tour keine neuen Informationen gewonnen. Ich wusste von der Route so viel wie vorher, aber ich hatte trotzdem extrem viel gelernt. Ich wusste, dass ich beim nächsten Versuch anders vorgehen musste.

Wir hatten während der gesamten Expedition nur Scheißbedingungen. Aber es kann natürlich auch ganz anders sein: Alex Huber hatte mit dem Wetter so viel Glück, dass er auf dem Gipfel des Torre biwakieren konnte. Tolle Vorstellung, ein Sonnenaufgang dort oben. Ich beneide den Alex ein bisschen darum.

Viele Details hatten wir falsch oder umständlich gedacht. Das hatte einen Grund. Wir hatten uns die Dimension dieses Berges nicht vorstellen können. Du kannst Papier wälzen und Filme anschauen und alles: Nichts ersetzt den Moment, wenn du selbst vor dem Berg stehst und den Schnee riechst und spürst, wie der Wind dein Gleichgewichtsgefühl auf die Probe stellt. Das Wissen, das in Büchern steckt, ist okay. Es selbst zu erleben ist etwas ganz anderes.

Der Cerro Torre ist eine komplett andere Welt als die Berge der Alpen. Die Erfahrung, die ich im alpinen Klettern reichlich habe, kann ich hier nur bedingt anwenden. Es kommt so viel mehr dazu, woran man denken muss. Klettern am Torre ist viel komplexer. Die Dimensionen der Berge, der Wände, der Gletscher sind anders, und die Fehler, die man macht, haben logischerweise ganz andere Konsequenzen. Darauf musste ich mich erst einstellen, denn ich hatte mir vorher nie Gedanken darüber gemacht, dass die alpinistischen Herausforderungen so unterschiedlich sein würden verglichen mit dem, was ich kannte.

Als ein Kameramann einen kurzen Abstecher auf eine Schutthalde unterhalb des Fitz Roy machte, verloren wir ihn innerhalb von fünf Minuten aus den Augen. Wir standen da und suchten die Gegend nach ihm ab, aber wir sahen ihn nicht. Erst als wir mit dem Fernglas schauten, entdeckten wir ihn wieder – winzig vor dem Berg, dem er sich gerade näherte. Es war der Moment, in dem ich begriff, dass ich das Verhältnis des Menschen zum Berg neu bemessen musste.

Aber die Lektion habe ich gelernt. Sie ist wertvoll. Sie wird mir helfen, den Torre beim nächsten Versuch realistischer anzugehen. Wir werden anders an die Sache herangehen. Schneller entscheiden. In kürzeren Perioden agieren. Wir hatten mehr Ausrüstung mit, als man braucht. Wir wollten mit vielen Dingen auf Nummer sicher gehen, aber wir dachten viel zu speziell ans Klettern. Eine Expedition auf den Torre verlangt universelles Denken, nicht spezielles.

Glaube ich zumindest. Aber vielleicht lernen wir das nächste Mal wieder etwas ganz anderes.

Siebenundzwanzig

Als ich in Österreich ankam, packte ich nicht zuerst das Gepäck aus. Ich schnappte mir meine Ski und ging auf den Berg. Die Eindrücke aus Südamerika waren so stark gewesen, so überwältigend. Jetzt wollte ich gehen, meine Berge wiedersehen, und das Pendel in meinem Inneren wieder auf den Platz einstellen, wo ich zu Hause bin.

Ich fuhr mit der Standseilbahn auf den Hoadl in der Axamer Lizum und von dort über die Hoadl-Hinterseite in ein Nebental. Jorg hatte keine Zeit gehabt. Seit er sich an der Hand verletzt hatte, studierte er plötzlich mit sehr viel mehr Elan. Daniel war froh, wieder einmal seine Freundin zu sehen, wenn er aufwachte, und nicht mich. Also ging ich allein.

Es war noch nicht spät, aber schon warm. Ich gab Gas, weil ich kein Problem mit den Lawinen bekommen wollte. Ich sprintete den Berg regelrecht hoch, so dass ich bei der Hälfte des Aufstiegs schon richtig fertig und ausgepowert war und mir nichts so sehr wünschte wie einen Müsliriegel. Aber ich war wieder einmal zu faul gewesen, zu Hause noch einen einzupacken. Ich war ja in Tirol und nicht in Patagonien.

Dann kam der Durst. Auch gegen den Durst hatte ich nichts dabei. Aß ich halt Schnee.

Bald hatte ich den größten Teil der Tour zurückgelegt. Aber der letzte Hang war so extrem steil, dass ich mit den Tourenski nicht mehr raufkam. Ich schnallte ab und band die Ski auf meinen Rucksack. Bruchharsch. Der Schnee hatte einen harten Deckel und war darunter weich. Ich sank bei jedem Schritt bis zur Hüfte ein und musste den Schnee mit den Händen wegräumen, bevor ich den nächsten Schritt machen konnte. Das war anstrengend und unangenehm, weil ich zu faul war, die Handschuhe aus dem Rucksack zu holen. Irgendwann revanchierten sich die Finger für meine Nachlässigkeit, indem ich sie nicht mehr richtig spürte. Ich war 50 Meter vor dem Gipfel, als ich mir dachte: Nein. Das macht keinen Spaß.

Aber jetzt meldete sich mein Sturschädel. Das macht schon Spaß. Du gehst jetzt weiter.

Gegen den Sturschädel konnte ich natürlich nichts ausrichten. Ich kämpfte mich also weiter, und bald stand ich am Gipfel, allein und etwas außer Atem.

Keine Menschenseele. Unberührte Natur.

Ein Blick hinter die Kulissen der Alpen.

Ich hatte zum ersten Mal seit langer Zeit das Gefühl, wirklich für mich zu sein. Auf den acht Kilometern von der Axamer Lizum bis hierher hatte ich keine einzige Spur gesehen. Ich wusste, dass bis zum Stubaital hinüber niemand sein würde. Es war still. Jetzt, wo ich mich selbst nicht mehr gehen und schnaufen hörte, fand ich mich in einer Ruhe und Schönheit wieder, die mir fast unheimlich war und mich plötzlich bis zum Rand mit Glück ausfüllte.

Normalerweise bin ich keiner, der am Gipfel sentimental wird. Aber diesmal blieb ich länger stehen als sonst.

Endlich wieder ein Gipfel, sagte ich mir.

Höchste Zeit, sagte der Sturschädel.

Ich schnallte die Ski an und fuhr in langen Schwüngen hinunter, zurück in die Normalität, zurück in das Land, wo es Menschen und Müsliriegel gibt.

Achtundzwanzig

Jetzt sind wir endgültig sicher, dass es möglich ist.

Das Ausbouldern der letzten Seillängen ist zwar eine Mörderarbeit gewesen, aber sie hat sich gelohnt. Wir haben im extrem überhängenden, brüchigen Teil der Wand des Trentiner Monte Brento eine Route gefunden, die sich frei klettern lässt, und wir haben die Griffe, die halten, mit Magnesium markiert. Wenn das Wetter okay ist, werden wir wiederkommen und die Route an einem Tag durchklettern.

Am Ausstieg aus der Wand treffen wir einen netten Typen, der ein paar Basejumper mit dem Auto hinaufgebracht hat. Die Wand ist ein beliebter Spot fürs Basejumping. Die Tatsache, dass die Wand etwa 200 Meter weit überhängt, macht den Absprung sicher und attraktiv: dann geht es rund 1000 Meter in die Tiefe. Perfekt. Der Typ fragt uns, ob er uns mit dem Auto mit hinunternehmen soll.

»Klar«, sagen wir. Das erspart uns vier Stunden Fußmarsch. Gemeinsam gehen wir eine Stunde bis zu der Stelle, wo er sein Auto hat, kurz danach sind wir unten.

Wir schauen auf die Uhr. Es ist acht Uhr abends. Eigentlich hatten wir vorgehabt, im Auto zu schlafen und am nächsten Tag in der Früh nach Hause zu fahren. Aber es ist noch früh genug. Von Arco nach Innsbruck sind es nicht viel mehr als zwei Stunden.

»Fahren wir«, sagt Jorg.

Mir soll's recht sein. Ich bin platt. Ich schmeiße mich auf den Beifahrersitz, versuche wie immer wach zu bleiben, aber auf der Autobahn kurz vor Bozen werden meine Augenlieder einfach zu schwer, und ich dämmere langsam weg.

Plötzlich werde ich wachgerüttelt. Wir haben die Leitplanke touchiert. »Scheiße«, knurrt Jorg. Sekundenschlaf.

Wir nehmen die nächste Ausfahrt, Bozen Süd, und fahren auf einen Parkplatz in der Industriezone. Das Auto hat einen langen rostfarbenen Kratzer, der an der Beifahrertür beginnt und sich bis zum hinteren Kotflügel zieht. Zumindest läuft das Auto noch; und uns ist nichts passiert.

Das Projekt war schon uralt. Jedes Mal, wenn wir zum Gardasee fuhren, blieb mein Blick am Monte Brento hängen oder, genauer gesagt, an seiner mächtigen, konkaven und extrem überhängenden Wand. Der Fels ist gelb und brüchig. Riesige Dächer ragen aus der Vertikalen. Ein paar verrückte Kletterer haben in den siebziger Jahren Erstbegehungen durch die Wand gemacht, es entstanden einige Techno-Routen. Frei geklettert hat die Wand noch niemand. Als Jorg und ich wieder einmal von Arco nach Innsbruck unterwegs waren, schauten wir uns die Wand ein bisschen genauer an. Wir überlegten nicht, *ob* eine freie Begehung funktionieren würde. Wir diskutierten, *wie* sie funktionieren könnte. Das war der Start des Projekts.

Im Herbst 2008 stiegen wir das erste Mal ein. Wir hatten natürlich gewusst, dass wir uns auf ein ziemliches Abenteuer einlassen, aber wie brüchig der Fels tatsächlich war, hatten wir nicht geahnt. Wir wollten die Wand in zwei Tagen durchklettern und schafften am ersten Tag 450 Meter. Wir hatten nur dünne Schlafsäcke dabei und fanden kein Podest, auf dem wir hätten schlafen können. Wir verbrachten dann die Nacht im Gurt hängend. Eine Scheißnacht. Es regnete, und der Wind ging. Um acht schlief ich ein. Ein paar Stunden später wachte ich auf, weil mir alles weh tat. Da war es neun.

Am zweiten Tag kletterten wir weitere 200 Meter. Dann brachen wir den Versuch ab.

Wir ließen ein halbes Jahr vergehen, bevor wir das Projekt fortsetzten. Diesmal mit schweren Geschützen. Wir hatten zwei Haulbags mit insgesamt 70 Kilo Ausrüstung dabei und ein Zweimann-Portaledge. Eine weitere Nacht im Gurt fanden wir nicht attraktiv. In der Scheißnacht von damals hatte ich mir das Pfeiffer'sche Drüsenfieber geholt, und ich war dann einen Monat lang außer Gefecht gewesen.

Am ersten Tag kletterten wir 500 Meter. Am zweiten stießen wir bis zum großen Dach auf rund 750 Meter vor. Am dritten Tag durchstiegen wir die gewaltigen Überhänge, die uns echt auf die Probe stellten. Als wir bei Einbruch der Dunkelheit am Ausstieg saßen und uns abklatschten, fielen mir fast die Augen zu, und wir hatten beim besten Willen keine Kraft mehr, uns auf den Weg nach unten zu machen. Außerdem war es dafür schon zu spät, der Abstieg dauert mindestens fünf Stunden.

Wir verbrachten die Nacht auf einem unförmigen Hügel aus Steinen, zogen uns die dünnen Schlafsäcke über, die wir mitgenommen hatten, um Gewicht zu sparen, schlüpften damit in die Haulbags, die uns bis zur Hüfte gingen und legten uns auf die Seile. Es war saukalt. In der Früh quälten wir uns die fünf Stunden ins Tal, zum Auto, voll fertig. Aber happy.

Wann immer wir einen Tag Zeit fanden, fuhren wir nach Arco, um die einzelnen Seillängen auszubouldern. Wir seilten uns vom Ausstieg ab und prüften jeden Meter, ob man ihn frei klettern konnte.

Es war ein Geduldsspiel.

Wir verbrachten noch einmal fünf einzelne Tage in der Wand. Wir opferten das Auto an der Leitplanke.

Wir probierten und wir diskutierten. Geht es oder geht es nicht? Fehlen ein paar Meter oder gehen auch die ganz großen Schwierigkeiten, 9+ und 10–? Immerhin sechs der insgesamt 28 Seillängen waren im zehnten Schwierigkeitsgrad.

Ich dachte immer wieder an den Torre. Ich verglich die Gründlichkeit, mit der wir hier arbeiten konnten, mit der schnellen Entschlossenheit, die unter den speziellen Wetterbedingungen Patagoniens notwendig ist. Ich kam zum Schluss, dass nur eine Eigenschaft beiden Projekten ein gutes Ende bescheren würde: Hartnäckigkeit. Ich gebe nicht gern auf. Ich beiße mich durch.

Ende Mai 2010 probieren wir, die Route durchzusteigen. Das Wetter ist okay. Wir wissen, dass die Tour theoretisch zu machen ist. Aber wir wissen auch, dass wir uns nicht viele Fehler erlauben dürfen. Fehler kosten Zeit und Kraft. Wenn wir zu viele Fehler machen, steigen wir die Tour an einem Tag nicht durch.

Es ist der Dienstag nach Pfingsten. Wir schlafen im Auto, stehen um halb vier auf und marschieren um vier vom Parkplatz los, der ein paar Kilometer nördlich von Dro liegt. Nach einer Stunde sind wir beim Einstieg, es ist hell und frisch, ein sanftes Dämmerlicht färbt die Felsen warm. Eine Stunde später haben wir bereits die 400 Meter langen Vorbauplatten erledigt.

Jetzt ist es plötzlich sauheiß. Die Sonne brennt wie noch nie in diesem Frühjahr. Durst.

»Vielleicht hätten wir doch mehr als einen halben Liter Wasser mitnehmen sollen«, sagt Jorg. Aber wir haben nicht mehr als einen halben Liter. Wir müssen uns den schmalen Vorrat einteilen, bis wir beim Portaledge ankommen, das unter dem großen Dach hängt. Dort ist einiges an Proviant und Wasser gebunkert.

Wir sind gut im Rhythmus. Nähern uns Länge für Länge den schweren Stellen. Jorg schafft die erste wirklich schwierige Passage auf Anhieb. Als ich die nächste vorsteige, rutsche ich ab und hänge ein paar Meter weiter unten im Seil.

Kein Stress, guter Normalhaken.

Beim zweiten Versuch habe ich kein Problem mehr. Drei Seillängen höher hängt unser weißes Portaledge in der Wand. Wir machen eineinhalb Stunden Pause. Wasser gegen den Durst. Wir haben sogar einen Kocher dabei und es gibt warme Nudelsuppe. Luxus. Wir haben 20 Seillängen hinter uns. Vor uns noch acht. Aber was für acht.

Von hier aus hängt der Fels bis zum Ausstieg noch extremer über. Er ist enorm brüchig. Du musst dich permanent vergewissern, ob du jeden Griff richtig belastest. Fehler sind nicht erlaubt. Die Magnesiumstriche, mit denen wir Griffe und Tritte markiert haben, sind noch alle da. Bei über tausend Zügen vergisst du sonst schnell einen.

Noch acht Seillängen. Sie haben der Reihe nach die Schwierigkeiten 10, 10–, 7–, 9–, 9–, 10–, 10– und 10–.

»Countdown«, sage ich.

»Okay. Acht«, sagt Jorg und steigt wieder ein.

Er schafft die Länge mit etwas Anstrengung, aber ohne zu stürzen.

»Sieben.«

Ich spüre die bisherige Tour in den Knochen. Kämpfe mich im brüchigen Fels nach oben, während ein Geschwader Basejumper sich von oben auf den Weg nach unten macht. Sie werden schneller am Ziel sein als wir. Lucky you.

»Sechs.«

Auch Jorg kämpft. Wenn Jorg müde wird, bekommt er extreme Augenringe. Er sieht dann aus wie ein 60jähriger.

»Fünf.«

Ich spüre die Vorahnung von Freude. Die Längen, die wir jetzt klettern, sind sauschwer, die Bedingungen gut, aber wir kennen die Probleme, wir haben sie ausgecheckt, und die Züge, die wir machen, sind präzise und richtig.

Aber in die wachsende Müdigkeit, in die physische und psychische Anstrengung, mischt sich die Sorge, dass ich ausgerechnet die letzte Seillänge nicht wirklich kenne. Sie war nass, als wir sie das letzte Mal in der Wand ausgecheckt hatten.

»Vier.«

Die Zeit beginnt sich elastisch zu dehnen. Wenn du ausgeruht kletterst, spielt Zeit keine Rolle. Sie rinnt unmerklich und regelmäßig, wie Sand durch eine Sanduhr. Jetzt vergeht sie zäh und langsam. Ich merke, dass Jorg sich bei jedem einzelnen Zug abmüht. Sein Krafthaushalt läuft auf Reserve.

»Drei.«

Auch mein Motor stottert. Ich sehe nur noch die Wand und ihre Schwierigkeiten. Magnesiumstriche. Hier hingreifen. Ich kämpfe. Denke kaum noch. Funktioniere.

»Zwei.«

Als Jorg im Zeitlupentempo seine letzte Länge vorsteigt, habe ich nur noch die letzte Seillänge im Kopf. Ist die Sau noch immer nass? Gut. Jorg ist oben. Er sichert mich nach.

»Eins.«

Ultimo. Ich bouldere die Schlüsselstelle noch einmal schnell aus, prüfe, welche Griffe halten. Die Griffe sind gut. Es sind noch vierzig Meter, vierzig Meter schwierigstes Klettern, aber während ich Zug um Zug mache, spüre ich, dass mir die erwachende Euphorie Kraft gibt, und ich klettere, so gut ich kann, und dann bin ich oben, und dann sichere ich Jorg nach, und wir klatschen uns ab und wir schweigen.

In unseren Gesichtern steht geschrieben, was man wissen muss. 28 Seillängen, 1100 Klettermeter, es ist viertel vor sieben, wir sind fast vierzehn Stunden geklettert.

Wir haben die erste Tour durch die überhängende Wand des Monte Brento befreit.

Es sind diese Momente, für die wir leben.

Nach dem Abstieg werden wir bei Marco in Arco sitzen und Pizza bestellen und Eis essen, und ich weiß genau, welche Sorten es sein müssen: Panna Cotta und Frutti di Bosco.

Und natürlich, ganz wichtig: Crocantino.

Ich danke Pascal Brönnimann, Susanne Degn & dem Red Bull Mediahouse, Thomas Dirnhofer, Rainer Eder, Britta Egetemeier & dem Verlagsteam von Knaus, Carmen Fender, Christian Fink, Stefan Fürst, Karl Gabl, Hans Gastl, Gerhard Gstettner, Peter Habeler, Martin Hager, Christian Hoser, Gerhard Hörhager, Florian Klingler, Lianne Kolf & ihrem Agenturteam, Claudia Lama, Rinzi Lama, Andres Lietha, Marleen Linder, Ruppert Messner, Philipp Perktold, Andreas Ratz, Peter Reinthaler, Oliver Saringer, Reinhold Scherer, Oliver Schwarz, Michael Schöpf, Christian Seiler, Daniel Steuerer, Robert Trenkwalder, Simone Tscherntschitz, Jorg Verhoeven, Robert Weber, Liselotte & Herbert Wergles, Heiko Wilhelm.

David Lama, im Juli 2010

Bildnachweis

Bildteil, S. 1, 20/21; 22/23: *Corey Rich/ASP-Red Bull*

S. 2, 3, 5, 14: *David Lama*

S. 4: *Rupert Messner*

S. 6/7: *visualimpact.ch/Rob Frost*

S. 8, 9, 12/13, 16/17: *visualimpact.ch/Rainer Eder*

S. 10/11: *Florian Klingler/ASP-Red Bull*

S. 15: *Jorg Verhoeven*

S. 18/19: *visualimpact.ch/Robert Steiner*

S. 24: *Heiko Wilhelm*